砍掉成本

新升级典藏版

企业家的12把财务砍刀

李践 —— 著

电子工业出版社
Publishing House of Electronics Industry
北京·BEIJING

未经许可，不得以任何方式复制或抄袭本书之部分或全部内容。
版权所有，侵权必究。

图书在版编目（CIP）数据

砍掉成本：企业家的12把财务砍刀：新升级典藏版/李践著. —北京：电子工业出版社，2018.11（2025.11重印）
ISBN 978-7-121-35223-2

Ⅰ.①砍… Ⅱ.①李… Ⅲ.①企业管理－财务管理 Ⅳ.①F275

中国版本图书馆CIP数据核字(2018)第236966号

责任编辑：刘露明
印　　刷：北京盛通数码印刷有限公司
装　　订：北京盛通数码印刷有限公司
出版发行：电子工业出版社
　　　　　北京市海淀区万寿路173信箱　邮编100036
开　　本：880×1230　1/32　印张：8.125　字数：196千字
版　　次：2018年11月第1版
印　　次：2025年11月第24次印刷
定　　价：59.00元

凡所购买电子工业出版社图书有缺损问题，请向购买书店调换。若书店售缺，请与本社发行部联系，联系及邮购电话：（010）88254888，88258888。
质量投诉请发邮件至zlts@phei.com.cn，盗版侵权举报请发邮件至dbqq@phei.com.cn。
本书咨询联系方式：（010）88254199，sjb@phei.com.cn。

再版序

2008年的金融风暴蔓延至全球各行各业，许多企业陷入经营困境。在这个背景下，我们出版了《定价定天下》《高绩效人士的五项管理》《砍掉成本》《要么品质要么死》等系列企业管理工具书，希望能够帮助企业家们安然度过"经济寒冬"，努力实现利润倍增。

10年后的今天，时空剧变，奇点临近。商业世界正在以前所未有的速度发展、变化，乃至被重新定义。创新与坚守，转型与取舍，互联网+与传统产业……已成今日企业管理面临的常态，更说明了身处变革十字路口，我们的企业发展面临的形势之严峻。

1. 经济总量急速上升，用户基本物质消费欲望相对降低

随着工业化大生产的推进，生产效率得到大大提升，人类甚至可以在10秒钟内生产一辆汽车，物质生产实现了前所未有的繁荣。与此同时，物质匮乏所激发出的人们对基本物质的消费欲望已不像过去那么强烈。购物使人幸福的时代已经结束，"断舍离"的生活理念在一二线城市日渐风行。

2. 中国民营企业时刻面临着经济全球化的竞争与挑战

今日之世界已成地球村，每个企业都必须直面来自全球化的竞争。这种竞争如此常态化，仿佛一头被熟视无睹的灰犀牛，每天出现在我们的家门口。比如，哪怕小如巴比馒头这样的早餐店，也日日面临着来自肯德基、麦当劳的威胁。

大变动中蕴含着永恒之常道,终极真理背后涌动着变化与新生。面对这样的经济形势和竞争环境,我们对企业家们有以下建议。

第一,回到原点,回到企业发展的根本路径

一定要透过表面看本质。本质是什么?就是事物发展的根本和规律。企业的发展是没有捷径可走的,这就要求企业回到原点,以终为始,回到企业发展的初心,回到正确的发展路径中,反思自己所遇到的障碍和问题,寻找自己的优势与欠缺之处。对于已走过的"捷径",必须及时把课补上,否则迟早会因此付出代价。

第二,重新定义,系统思考

企业要健康发展,就必须是一个完整的生命体,做到"耳聪目明、思维敏捷"。企业就像人体一样,只有双手不行,只有两只脚也不行!用户管理、人才管理、成本管理、产品管理等核心器官和关键部位都必须绝对健康,不能生病,这就要求我们必须有系统性思维,不能头痛医头,脚痛医脚。

第三,从偶然到必然,回到第一因

当我们遇到失败、挫折、障碍及意料之外的事情时,我们会认为它是偶然发生的,比如,遇到一个客户投诉,是偶然的;订单被退回来了,也是偶然的……这样的思维是错误的。在企业家的世界里,没有偶然思维,只有必然思维。偶然性里面包含着必然的结果。必须回到第一因,抓到事物的根本,找到偶然性中的必然因素,这样才能从根本上解决问题。

企业管理万变不离其宗,开源和节流是企业永远面临着的两个

再版序

问题，需要双管齐下，齐头并进，并且形成一个环环相扣的生态系统。所有的劳动要素和资源要集合在一起进行全盘思考，而不能单独计量、顾此失彼。我们必须抱定初心，死磕产品、死磕效能、死磕用户、死磕成本、死磕营销，尽锐出战，久久为功，在日益激烈的竞争中寻得一丝先机。

经过这10年的沉淀，我将自己30多年的管理经验与大家再次分享，同时对书中企业管理的方法也进行了全新的升级。我们把这些方法运用在我们的工作、日常生活中，我们的利润在倍增，公司的竞争力在持续提升。这些年里，我们为股东创造了292倍的回报，这一切，都得益于书中所提到的管理精髓。

我努力用战士的语言讲述战斗，用极简的图文表达管理。因为我相信，大道至简，行胜于言！

于行动教育上海校园

前　言

我是个三国迷，闲来喜欢读《三国演义》。整本书中，我最喜欢的人物是曹操的第一谋士郭嘉。和众多谋士相比，他不像诸葛亮那样故弄玄虚，不像贾诩那样中庸保身，不像许攸那样虚荣自傲，也不像荀彧那样繁文缛节，他只喜欢用最直接、最简单的方法，提供给曹操最实用、最有效的战略和战术。郭嘉的风格，就是一针见血地分析利弊，找出解决方案。因为他的简洁、干练和务实正对曹操的胃口，所以，曹操每次出征，都把郭嘉带在身边，切磋战略，商量用兵之策，常常出奇制胜。

我在我的生活和工作中，甚至做任何事情的时候，都把郭嘉奉为楷模。我喜欢用最直接、最简洁的方法去做事情，用最快的速度、最高的效率去完成任务。我不爱慕虚荣，不讲究形式，砍掉所有不必要的各种浪费，让一切都变得简单直接。有这样一句话："简单才会永远。"也因为这样，我在管理我的企业时，取得了一定的成绩。

也许，你已经看惯了长篇累牍去论证一个道理的文章，你浪费了很多时间到书中去阅读华而不实的文字，挖空心思去理解那些悬乎其悬的理论，却找不到行之有效的方法来指导你的行动。你身边没有一个像郭嘉那样的人，用犀利的眼光、敏锐的嗅觉，从实用的角度为你出谋划策。

在这里，我想把我的心得与大家分享，用最简洁、最有效的方式，

向你们讲述种种节俭管理的方法、节省成本的手段、财务知识的运用。在这本书里,没有理论的教条,只有方法的指导。你可以用最少的时间,获得最多的心得。

愿本书能成为你身边的"郭嘉"。

目 录

第一部分 企业家要勇敢地拿起刀来 / 001

在商场上,企业家们刀兵相见,没有武器,就会成为被杀戮的对象!你不拿起刀,别人就会一刀杀了你!

1 企业家要刀枪并用 / 002

2 刀法让你获利更直接 / 007

3 企业家要克服的最大障碍 / 013

第二部分 削减成本只须学会李家 12 式刀法 / 019

李家 12 式刀法,即 12 种削减成本的方法,不需要很高的技术投入,但效果直接、立竿见影。那些想持续提高利润的企业不妨一试。

第一式 砍价——慧眼识刀 / 020

1 使用财务人员的误区 / 021

2 "豢养"职业杀手 / 023

3 给杀手应有的地位 / 025

4 建立砍价"黑名单" / 026

5 只相信数字,相信制度 / 028

本章思考 / 031

砍掉成本
企业家的12把财务砍刀

第二式 砍人手——让每个人都能听到刀声 / 032

1 3个员工只有一个是创造价值的 / 033

2 一个员工的成本是他工资的5倍 / 034

3 请神容易送神难 / 035

4 人人头上一把刀 / 037

5 让你的员工无处可逃 / 039

6 每个员工都要佩把砍刀 / 042

7 让 10 – 1>10 / 044

8 令人生畏的电网 / 046

9 低工资＋高绩效＝高利润 / 050

本章思考 / 052

第三式 砍机构——快刀斩乱麻 / 053

1 不要一个人站在高处 / 054

2 要巨人不要侏儒 / 056

3 砍掉专职的副总经理 / 057

4 把所有经理的椅子靠背锯掉 / 058

5 清空你的办公室 / 061

6 瘦身是一场大革命 / 064

7 砍机构要巧借外力 / 066

本章思考 / 069

目 录

第四式 砍固定成本——手起刀落 / 070

1 购买固定资产,你要承担"七宗罪" / 071

2 资本性开支是旋涡 / 073

3 把生产线建在别人的厂房里 / 075

本章思考 / 077

第五式 砍采购成本——借刀杀人 / 078

1 磨快你的刀,越快越好 / 079

2 竞合时代,"不战而屈人之兵" / 080

3 鲇鱼是你借来的刀 / 082

4 供应商的选择是中心任务 / 085

5 让采购员和供应商保持对立 / 086

6 永远做供应商眼中的"坏孩子" / 088

7 签约前砍价的 4 个必杀技 / 090

8 供应商是你的共赢商 / 095

9 给采购物品以不同的待遇 / 097

本章思考 / 098

第六式 砍预算——刀刀紧逼 / 099

1 设立预算制度 / 100

2 利润是要求出来的 / 102

3 重压之下,必有勇夫 / 104

4 预算是被逼出来的 / 106

本章思考 / 108

第七式　砍库存——刀走偏锋 / 109

1 做到零库存，你所向披靡 / 110

2 要市场不要工厂 / 115

3 要么客户买单，要么你买单 / 116

4 告诉你一个最低的存货标准 / 117

5 降低企业库存的细则 / 119

本章思考 / 122

第八式　砍劣质客户——见人下刀 / 123

1 无限地满足客户就会破产 / 124

2 劣质客户要坚决封杀 / 126

3 应收款不小心就成了"阴收款" / 128

4 对客户授信要苛刻 / 130

5 对欠款客户要毫不留情 / 133

6 促使欠款的客户迅速付款 / 136

7 对小客户只能说"对不起"了 / 139

8 新客户的成本是老客户的5倍！ / 141

9 服务决定成败 / 142

本章思考 / 143

目 录

第九式 砍日常开支——刀下在每一个细节 / 144

1 浪费无处不在 / 145

2 电话管理细则 / 146

3 公车管理细则 / 147

4 办公设备管理细则 / 148

5 办公费用的其他管理细则 / 149

6 所有开支按人记账 / 151

7 吃鲍鱼的账记在员工的头上 / 152

8 差旅费里时间是最大的成本 / 154

9 要管家婆不要败家子 / 155

10 别让员工和成本魔鬼结盟 / 156

本章思考 / 157

第十式 砍会议——刀刀索命 / 158

1 把每一天都当成生命中的最后一天 / 159

2 会议是时间成本的大敌 / 160

3 把会议搞成限时演说 / 161

4 不要用文件互相折磨 / 163

5 管理好你自己的时间 / 165

本章思考 / 168

第十一式　砍面子——挥刀自宫 / 169

1 大企业是怎样炼成的 / 170

2 合适的就是最好的 / 172

3 华而不实是企业的悲剧 / 173

4 奔驰和大办公室带不来利润 / 175

5 带最少的人出去 / 177

本章思考 / 178

第十二式　还刀于鞘——心中有刀，手中无刀 / 179

1 用成本领先战略打造你的核心竞争力 / 182

2 用商业模式整合你的成本结构 / 184

3 用技术创新凸显成本优势 / 187

4 用流程再造改善成本构成 / 190

5 用规模经济压低单位成本 / 192

6 用人力资源建设有效降低时间成本 / 193

本章思考 / 194

第三部分　刀法要以内功做辅助 / 195

12 式刀法已经授完，但还没有结束。下一步，你就要对自己提出更高的要求了。

内功一　手握财务 3 张表 / 197

1 看清楚你的财务地图 / 197

2 分清什么是魔鬼，什么是天使 / 200

3 抓住你的生命线 / 202

内功二　心念数字百分比 / 205

1 把数字和百分比放在心上 / 205

2 运营能力 / 207

3 获利能力 / 208

4 偿债能力 / 209

内功三　轻舟漫泛现金流 / 211

1 编制现金预算 / 211

2 不要见到大单就心动 / 213

3 早收款晚付款 / 215

4 多租少买 / 217

5 现金不是越多越好 / 218

6 抵住现金的诱惑 / 219

7 不要轻易放出你的现金 / 220

内功四　横刀立马万人敌 / 221

1 企业家对待财务的 3 种错误态度 / 221

2 该专管的专管，该外包的外包 / 223

3 建立财务管理体系 / 225

4 目标控制法 / 226

5 财务人员必须听话 / 227

6 把"一支笔"变成"多支笔" / 229

第四部分 给企业家的 4 个建议 / 231

竞争要求企业家是一个全才。你不需要成为财务的专才,但你要随时保有意识,用商业思维模式去思考。

1 企业家要有财务思维 / 233

2 财务先行 / 234

3 奖励高手,奖罚分明 / 236

4 养成反向思维模式 / 238

第一部分

企业家要勇敢地拿起刀来

在商场上,企业家们刀兵相见,没有武器,就会成为被杀戮的对象!你不拿起刀,别人就会一刀杀了你!

1 企业家要刀枪并用

在广袤的平原上,一场特殊的战斗正在激烈地进行着。

一方是拥有铁甲雄师的骑兵队伍,而另一方,却是拥有坦克、大炮的机械化部队,这样一场奇怪的对峙,怎么会发生呢?难道是在看科幻电影?

骑兵队伍并没有意识到坦克的威力,他们叫喊着、高呼着,以为可以赢得这场战争。

可想而知,这哪里是战争,简直是屠杀!成千上万的坦克,面对着不堪一击的骑兵队伍,横冲直撞,距离远的就开炮,距离近的干脆就碾过去,如入无人之境,一时间血流成河,横尸遍野,骑兵队伍化为灰烬!

有谁能想到,这样的场面,居然是在第二次世界大战时候发生的真实事情,居然还是发生在两个发达国家之间!面对德国的闪电战,不注重武器建设、没有忧患意识的波兰军队,竟然使用骑兵去反击!

难道波兰真的就没有厉害武器?难道波兰没有实力去武装自己?

战后有英国人评论说:"他们的思想落后了80年!"

第一部分
企业家要勇敢地拿起刀来

（1）告诉我你用什么武器

商场如战场，经商也如打仗。打仗是要用武器的，要用最锋利的武器！杀伤力最强的武器！最有效、最实用的武器！

不要对这个故事不以为然，也许，你的企业就是盲目的波兰军队！你的思想已经落后10年了！现在，我问你，在残酷的商战里，你用什么武器战胜对手呢？请马上回答。回答不上来的、赤手空拳上战场的、用落后武器上战场的，都是下一个被杀戮的对象！

幸好，还是有一部分优秀的企业家，他们很清楚他们在用什么武器克敌制胜，所以，他们中的一些人成功了。在这部分成功的企业家中，他们使用的武器五花八门，各有千秋。

有的企业家说，他成功靠的是把握商机，反应迅速，比别人先一步占领市场。我想,他用的武器是流星锤吧。流星锤的特点就是快，可以比别人先一步打到更远处。一发现目标，就抢先冲杀过去，占领制高点。我很佩服。

有的企业家说，他靠的是科技，他们的研发能力别人难以取代，每当研发出的新产品上市，就能取得垄断利润。我想，他的武器，应该是一把削铁如泥的宝剑。平日就藏在剑鞘里韬光养晦，一旦出鞘，就光芒四射，无人能敌，我更加佩服。

还有企业家说，他们就靠钻点儿市场的空子。啊，这个也厉害，只要合规合法，那么这种武器就是撒手锏啊，攻敌不备，还能全身而退。

总之，企业家要想成功，就要有武器。这个是前提。

（2）每个企业家都有两种武器

很遗憾，也许，在我上面提到的武器当中，没有一样适合你。你会抱怨，我们这么一个小公司，一个各方面都没优势的公司，拿什么来跟人家争？我们没有尖端武器，那不是要任人宰割了吗？

更何况，当今世界已进入乌卡时代（VUCA）——一个易变的（volatility）、不确定的（uncertainty）、复杂的（complexity）和模糊的（ambiguity）时代。高科技的发展速度远远超过人们的预期，"年年岁岁花相似"的周而复始的状况正在远去，"三千年来未有之大变局"令越来越多的人感到焦虑和迷茫。没有一种商业模式能长存，没有一种竞争力能永恒，没有一种资产能稳固。在这样的环境中，不要说未来10年，即使未来5年的商业变革都变得无法预测。

同时，据2017年中国财政科学研究院发布的《降成本：2017年的调查与分析》显示，现在企业成本已呈井喷式上升态势！中国的民营企业已经正式进入了高成本时代，人工成本、环境成本、用地成本、原材料成本等增长速度极快；另外，随着国内市场的竞争愈加残酷和白热化，许多中小企业想要增加利润，已经变得很困难了。

不过也没必要那么悲观。每个企业家身边，至少有两种武器。学会它们，拿起它们，照样能行走江湖，别人也敬你三分。

管理学大师彼得·德鲁克说过，企业经营者只要做两件事：第一件是销售，第二件是控制成本。

每个企业的运作都要遵循这样一个公式，那就是：

收入 – 成本 = 利润

从等式来看，追求利润的方法有两种：一种是增加收入；另一

第一部分 企业家要勇敢地拿起刀来

种是降低成本。这样,你的两种武器找到了!

增加收入是你的长枪,你要指挥你的企业,用长枪去冲锋陷阵!扩大销售渠道,增加收入来源,枪所指处,即三军所向!

与此同时,降低成本就是你的砍刀,你要在你的企业后方,用砍刀砍掉所有不必要的花费,把成本砍到最低,把对你三军有拖累的一切不和谐的东西都砍掉,让他们轻装上阵!这样,你就胜券在握了。所以,学会使刀弄枪,你照样在战场上威力无穷!

因此,要保有利润,降低成本已经成为关键!掌握刀法更成为关键中的关键!

(3)"工欲善其事,必先利其器"

春秋战国时候,齐国有一个喜欢打猎的人,花费许多时间去打猎,结果却一无所获。回家之后,觉得愧对家人,决心不去打猎了,安心种田,努力耕种。可是,秋天到了,收成还是不如别人。

他仔细琢磨:为什么自己打猎猎不到猎物,种田也没有好收成?最后才明白,打猎打不到,是因为没有好猎狗;种庄稼收成不好,是因为没有好的肥料。后来他拥有了好的猎狗,每天都满载而归,终于实现了成为一个好猎人的心愿。

中国有句古语:"工欲善其事,必先利其器。"要想把事情做好,你首先要拥有好的工具。

在很多企业里,员工每天辛苦忙到晚,领导者也跟着天天加班,可惜利润就是上不去。那你就要看看你的武器:你的枪够不够准,刀够不够快,管理工具

够不够科学,制度够不够完善。

擦亮枪头,磨刀霍霍,勤练武艺,是企业成功的先决条件。你的武器就是刀和枪。从现在开始,你就要学会如何使刀弄枪,刀枪并用,既要掌握枪法的精妙,也要找到刀法的精髓。

第一部分
企业家要勇敢地拿起刀来

2 刀法让你获利更直接

（1）弱点被看穿就会送命

古希腊神话中，有一位伟大的英雄，叫阿喀琉斯，他有超出普通人的神力和刀枪不入的身体。在激烈的特洛伊战争中，他战无不胜。但有一次，就在阿喀琉斯奋勇作战的时候，对手阿波罗却一箭射中了他，居然一下子把他射死了！

原来，箭射中了他的右脚后跟。他的母亲曾捏着他的右脚后跟，把他全身浸在神奇的河水中，被河水浸过的身体便变得刀枪不入。可被母亲捏着的脚后跟由于浸不到河水，就成了他身上的弱点，这一弱点就要了他的命！

拿着长枪到战场上冲杀，是每个企业家意气风发的时候。企业家都很骄傲，他们枪法使得好，是他们的长处。可是，他们有没有想过，他们的弱点在哪里？真正要你命的，不是你的长处没有发挥，而是你的弱点被看穿！也许，不关心成本，就是你的弱点！

（2）现金流会一刀杀了你

现金流，这是一个看似容易掌握却始终和你若即若离的东西！许多企业家成也现金流，败也现金流！一些中小企业倒闭得那么快，就是因为企业资金链断裂。

砍掉成本
企业家的12把财务砍刀

最近,我和一个国内著名的广告业的企业家沟通,我们谈起企业的利润。我问他,他的公司现在多少收入,他说两三个亿。我又问他利润,他说不太清楚,因为不是他在管账,估计一年盈利几千万吧。我于是问他账上有多少现金,他说大概两百万。两百万的现金,怎么会有几千万的利润呢?假如说账上有两百万现金,那么几千万到哪里去了?

2018年1月30日,曾经连续16年入选中国民营企业500强的金盾股份董事长周建灿从酒店的窗口一跃而下,跳楼身亡。金盾股份从3万元起步,发展到93亿元的市值,周建灿成功建立了他的商业帝国。却因为银行融资、股权质押融资、民间借贷等决策性失误,导致集团有息负债超过450亿元,便"忽喇喇似大厦倾",跌入资金链断裂的泥沼,再也难以抽身!

周建灿不是个案,因资金链断裂失败的中小企业比比皆是。究其原因,就是因为摊子铺得太大,高负债经营,一元钱想做10元钱的事。账上没有一点现金流的企业,我所了解的有两家浙江的汽车经销商:一家将现金投资到其他企业,造成亏损,导致拖欠银行贷款而破产;另一家则是因为扩张太快,现金收不回来,资金链断裂,导致破产。

去登山的时候,可能你要经历漫长的过程;登到半山腰时,突然一瞬间掉下去,也就是几秒钟的事。没有成本意识,忽视成本管理、财务管理,花钱不控制,一旦现金流断裂,利润立即消失,企业马上灭亡!缺少现金流的企业,随时都有可能被一刀杀死。

第一部分
企业家要勇敢地拿起刀来

（3）成本是你的大后方

每个月的损益表反映了一个企业真实的销售、成本和利润。你只要看看损益表，你就会知道问题出在哪里，要么你的营销有障碍，要么你的成本出了问题。

今天的很多企业家都只会使枪，不会用刀，没有用刀的习惯。基本上，企业家的成功，第一步都是切入市场，重视营销，重视客户。他们知道如果没有客户、没有产品、没有市场，企业是不可能生存的。

然而，他们不知道，没有成本控制，企业是不可能发展的。他们在前面冲杀，却忽略了身后。把市场占领了，后方却一片狼藉！就像以前的有些农民战争，李自成、张献忠带领着农民军，刚攻克了前面的一个城，后面的城却已经丢了。占一个丢一个，到头来实力被一步步削弱，最终还是被打垮。

作为一个企业家，如果说营销是你要去攻克的堡垒，那么成本就是你的大后方。永远不要忘记，在你英勇奋战攻克堡垒的同时，也要下同倍甚至更多的工夫巩固你的大后方。也就是说，你赚来的钱、你的营销打出来的市场，很可能因为财务混乱，因为没有砍掉成本，导致严重浪费、重复购买甚至错误决策，最后还是功亏一篑。

（4）成本降低 10%，利润就增加 100%

再来看刚才的那个等式，收入 – 成本 = 利润。如果你的收入为 10（货币单位省略），成本是 9，那利润就是 1（10 – 9）。

但是，如果我们把 9 降低，想尽一切办法削减成本，将你的成本降到 8 左右，那么就是 2（10 – 8），你的利润一下子翻了一番！如

表 1-1 所示。

表 1-1 成本削减表

项 目	原产品	降低成本后	变 化
定价	10	10	不变
成本	9	8.1	降低 10%
利润	1	1.9	近 2 倍
利润率	10%	近 20%	增长近 100%

微利经营的时代，拼的就是节俭！

提升收入，要把收入从 10 提升到 11、提升到 12，那是一个很长期的过程。也有这样的可能：收入虽然提高到了 11，成本也提高到了 10，利润还是没有上升 1（11-10）。企业要想获取利润，最快的速度就是用刀法控制成本。同样的道理，如果你的收入降低了，变成了 9，但成本控制得好，降低了 10%，还是有利润的。

（5）成本可以掌握在自己的手中

再精妙的枪法，战场上你还是控制不了胜负。

销售虽然有方法可循，但它在市场上受政策、消费者、竞争对手、经销商等方方面面的影响，有太多的不确定性，企业可以通过自己的努力引导他们，适应他们，但想要控制他们不现实。

而削减成本，让你的成本比竞争对手更低，却可以掌握在管理者自己手中。对于成本，只要你管理了，刀法用得好，它就能被控制住；一旦放松管理，它又会悄悄长大。对成本的控制，你不能只是心血来潮，而应随时对它保持高压。所以，学好刀法，利润会来得更直接。

第一部分
企业家要勇敢地拿起刀来

（6）学会和成本赛跑

每天,当太阳升起来的时候,非洲大草原上的动物们就开始练习奔跑了。这是它们生存的必需。

狮子妈妈在教育自己的孩子:"孩子,你必须跑得快一点,再快一点。你要是跑不过羚羊,你就会活活地饿死!"

在另一个场地上,羚羊妈妈也在教育自己的孩子:"孩子,你必须跑得快一点,再快一点。如果你不能比跑得最快的狮子还要快,那么你就肯定会被它们吃掉!"

你跑得快,别人跑得更快!

你每天都在赛跑的过程中,和时间赛跑!和竞争对手赛跑!和账单赛跑!

森林法则,不是狮子和狮子、羚羊和羚羊赛跑,而是狮子和羚羊赛跑!同样,商场法则,不是你和你的竞争对手赛跑,而是你和你的收入赛跑,和成本赛跑!

要做那只跑得最快的羚羊,你就要做到成本最低!

（7）把成本当成魔鬼杀死

奉劝企业家,拿起砍刀,立地成魔。这里所指的魔,是指对成本的一种歇斯底里的痛恨。企业家和成本必须拼个你死我活。

假设一家企业收入为10,成本为8,我们要弄清楚作为成本的"8"具

体包含了哪些内容。简单地说,"8"由"5"和"3"组成。其中,"5"指的是料(原材料)、工(人工)、机(机器设备)、费(费用摊销)、税(税收),"3"指的是管(管理成本)、销(销售成本)、财(财务成本),如图1-1所示。

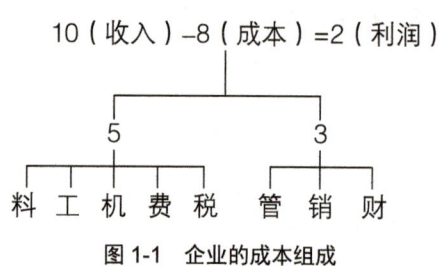

图1-1　企业的成本组成

很多企业的员工甚至企业家都会有这样的误解:我们的公司很赚钱啊,你看收入有100,减掉成本50,我们的利润有50呢。不是这样的,收入减掉直接成本不是利润,不管你有没有客户、客户签不签单,你的销售业绩是高是低,只要公司开门,总有一些成本跟定了你。

这些成本"魔鬼"是一系列的、一个组合,让你的公式成了10-11,甚至10-12。这让很多企业家想不通,他们的收入那么高,还是没有利润、没有现金。在下面的章节里,我会详细地告诉你,怎样用刀把不必要的成本当成魔鬼一一杀死,让你的现金天使出现。

第一部分
企业家要勇敢地拿起刀来

3 企业家要克服的最大障碍

在企业经营中,不少企业家存在以下问题。

(1)不懂财务,不看账目,害怕数字

现在,我要开始教你如何使刀了。不过,在学习刀法之前,我们还需要做少许准备工作。

李嘉诚先生曾说过这样一段话:

"我未曾有幸在商学院聆听教授指导。我年轻的时候,最喜欢翻阅的是上市公司的年度报告,表面上挺沉闷的,但这些会计处理方法的优点和弊端、方向的选择和公司资源的分布,对我有很大的启示。对我而言,管理人员对会计知识的把握和尊重、对现金流及公司预算的控制,是最基本的元素。"

可是,有些企业家却并不主动关心财务知识,认为财务是个很简单的事情,不过就是收和支。这就好像,你把刀已经拿在手里了,但不知道手里拿的东西是什么,只觉得它是个铁家伙。这样,你当然也没有欲望去学会怎么使用它,用好它。

有些企业家不爱看账目。

一看账目,他们就"一翻两瞪眼"。企业家都是非常精明的,他们在做生意、管理企业时,心中都有一本账。但是他不重视财务这本大账,往往只算自己心中那本小账。

有些企业家害怕数字。因为很多时候,财务一说话,就报出很多数据、很多术语,企业家听不懂。企业家说话,财务也不懂。干脆,企业家不再和财务沟通了,"小王,你就照我说的做吧!"不懂装懂,贻害无穷。

不过,要想改变这种状况并不难,只要把这本书看下去,你就会发现,财务不是什么高深的东西,需要掌握的财务知识,其实就那么几招。

(2) 喜欢事后算账而不是事前控制

如今,实行粗放式管理的企业不在少数。这样的企业,如果不立即改变,真担心它们的前途。

在财务核算上,很多企业经常事后算账,没有事前的财务预算、事中的财务控制。有时候,比如非常大的项目,企业老总在整个过程中,很可能合同已签完了,费用已发生了,才问财务:"我这笔账怎么走啊?这个财务上怎么处理?"这个时候很多事情都已经晚了。

你签下的这笔合同,利润率是多少?怎样付款?怎样交割?占多少库存?占多少流动资金?……很多问题都没有事前考虑清楚,那么成本控制也就无法谈起了。你即使想控制,也根本不知道刀该下在什么地方!

第一部分
企业家要勇敢地拿起刀来

（3）企业家用形容词太多，数字太少

许多企业家还有一个问题，就是用了太多的非量化管理，而不做量化管理。

所谓的非量化管理，就是形容词、感叹词用得太多。比如，他们经常会形容市场不错啊，有增长啊，消费者很喜欢我们的产品啊，我们的团队管理很正常啊。他们在说话、开会的时候，用了太多感叹词、形容词，这些词也许适合外交辞令，但在企业管理中却苍白无力。

而量化管理则强调，企业所有的情况都用数字说话。"现在库存还有多少？""这次交易给客户延期几天付款？信用额的比例是多少？""把今年的预算额再砍掉15%！"你每天都用数字说话，你的管理才有力度。

> **瘦身早知道** 非量化与量化管理中的常用词举例
>
> 非量化管理中的常用词：不错、有增长、有提高、很正常、发展良好、效果还行、基本满意、比较稳定，等等。
>
> 量化管理中的常用词：增长率、利润率、税率、资产负债率、销售额、百分比、同比、环比，等等。

企业家活在非量化管理当中，活在自我的感觉当中，就不可能确确实实了解企业真正的利润在哪里，更谈不上创造利润。

这个问题也不难解决，把你花在市场上的心思，稍微转移一点到你的财务上，只需要一点，你便会豁然开朗。

砍掉成本
企业家的12把财务砍刀

企业家必须懂财务。财务不高深,刀法不难学,其实也就那么几招,但绝对有效!

(1)企业家要懂得3张表

损益表、资产负债表,现金流量表,这是你行军打仗的地图。没有地图,你就迷失了方向;不懂得这3张表,你就失去了控制力,不知己不知彼,必败无疑!

- 资产负债表,反映了企业的资产状况。企业有多少自有资金、多少外债,一看便知。如果你的企业陷入债务危机,你的资产负债表就会鸣枪警示,你就要立刻采取行动,找到根源,把危机制伏。

- 损益表,反映企业的获利能力。企业有多少收入、多少利润、多少成本,损益表上一览无余。抓牢损益表上的所有数字,你就控制了整个收益状况。

- 现金流量表,反映企业的现金流量。现金流既会一刀杀了你,也会是你企业的忠诚卫士。你的现金有多少、安全不安全,表上反映得清清楚楚的。多看几遍,做到胸中有数。

企业家怎样对这3张表进行分析,读懂行军图,我在本书的第三部分中会详细解释。

(2)管理者应抓住几个重要的数字

行军,除了要熟悉地图,还要有武器辎重、粮草弹药。再抓住

第一部分
企业家要勇敢地拿起刀来

几个基本而重要的数字,你就万无一失了。

1)现金流。现金流是企业的生命之泉。咬住现金流不放松,每天紧盯着现金流,是珍惜企业生命的表现。

2)盈亏平衡点。很多时候,每个月你都必须等到财务报表出来以后,才知道公司最近表现怎么样。但这个时间差,很可能影响你的决策。如果你可以请财务人员提供公司的盈亏平衡分析,也就是说,你的产品一个月要销售多少才能平衡,心中随时有这个数字,你可以立刻判断这段时间究竟是赚钱还是亏钱。

3)银行对账单。每个月银行会寄来对账单,别以为会计人员一定会去核对。每个人每天忙着做很多事情,可能没有人注意这件重要的工作。你知道吗,你的公司也许已经有好几年没有查对过公司户头了。

4)积压的订单。有些订单进来了,却一直没有处理,以致耽误了交期。只要你看看那些积压的订单,就可以知道公司是否有问题,问题有多严重。

5)产品的库存。库存多少合适,有一个严格的计算标准。让你的财务人员去算吧,但你要随时清楚公司的库存是否适当。

6)退货记录。如果退货的数量增加,表示质量管理有问题。因此,掌握退货数量,是一个重要的关键。不要到问题不可收拾时,才着手处理。

7)员工人数。每个月算算员工有多少人。随着业务增加,公司雇用的员工人数可能不知不觉地增长,甚至业务没有增长时,员工人数仍然无声无息地增加。要求部下每个月给你一张统计表,让你

掌握员工人数及增长曲线，了解一下公司是不是用人无度。

8）产品销售量。如果你平日只看营收报表，这中间可能潜藏很多陷阱。例如，有家公司虽然营业额不断提高，但销售量其实在下跌，市场占有率在萎缩。营收之所以增长，是因为产品调价。因此，企业家还要定期追踪销售量，清楚掌握公司的业务状况。

第二部分

削减成本只须学会李家12式刀法

李家12式刀法,即12种削减成本的方法,不需要很高的技术投入,但效果直接、立竿见影。那些想持续提高利润的企业不妨一试。

第一式 砍价——慧眼识刀

"豢养"你的职业杀手,赋予他尚方宝剑。除了制度和程序,不要相信任何人!

第二部分
削减成本只须学会李家12式刀法

1 使用财务人员的误区

企业离不开财务,就像战士离不开武器。你的身边,或多或少都有几个财务人员,成天忙碌着。但是,你可能只知道他们不可或缺,却不知道他们在忙什么,甚至,你都不知道怎样和他们沟通,不知道他们能干什么、应该干什么。

在财务方面,没有很深奥的东西,只要做好两件事:一个是总结,另一个是控制。

总结是什么意思?就是你的财务,按照公司的每一笔发生额,把账做好,在企业贷款、融资、年检、纳税等重要问题上,把几张表做正确,这些工作很重要。

在你的印象里,财务的职责不过如此,他们能把这些做好就谢天谢地了。对你忠诚,又能把财务报表做好,就是最好的财务人员了。

然而,实际上这只是财务人员职责的冰山一角,你忽略了太多财务人员应有的职责,没有让他们在公司里发挥更重要的作用。

管理的精髓是什么?是控制。财务人员的任务不仅是总结,更重要的是控制过程。他要做预算,还要控制成本、费用、现金流、投资方向、负债规模。只有控制了过程,才能控制结果。

你不只需要一个财务会计,还需要管理会计。在小公司里,最好一个人身兼二职。管理会计是要带刀、用刀的;在控制成本方面,

财务会计常常手无缚鸡之力。

> **瘦身早知道　区别财务会计和管理会计**
>
> 财务会计：主要提供过去财务业务的总结。所做的分析报告大都是准备供外部使用的，如股东和债权人。
>
> 管理会计：管理工作的重要组成部分，有强大的方向指导作用，所做的分析报告大都是在企业或组织内部为主管使用的。

第二部分
削减成本只须学会李家12式刀法

2 "豢养"职业杀手

职业杀手,以杀人为职业,是让人不寒而栗、毛骨悚然的一类人。

可是,你需要他。在你的企业里豢养这么一个专门砍成本的职业杀手,可想而知,在成本方面他的威慑力有多大。

从创业第一天起,你就要把成本控制当成天大的事。你要找个专职的人,来负责成本的管理,他的任务就是砍成本。采购费用高了,让他来砍;库存费用高了,让他来砍;办公室花费多了,让他来砍。不讲情面,不留后患!成本魔鬼,杀得越多越好!

你还要注意,这个杀手一定得是职业的。职业和业余有天壤之别。我练跆拳道我知道,一个业余的跆拳道和职业的跆拳道高手是根本不能相比的。

有的企业家喜欢自己当杀手,其实这很难做到。你要负责营销,负责客户,负责团队,负责公关,哪有时间去负责砍成本呢?你有时候想到了,挥挥胳膊砍上一刀;没空了,刀放在鞘里生锈了。运气好砍正了,运气不好就砍歪了。你还不配拿起这把刀呢。

职业杀手专心、专能,长时间磨炼,出刀的速度、精确度、力度远胜于你。而且,你不需要花成本来另设团队和机构,有专人专职来负责这项工作,这就足够了。

> **瘦身早知道** 成为"职业杀手"的8项修炼
>
> 1）现代企业管理知识。
>
> 2）成本理论。
>
> 3）价值分析。
>
> 4）财务管理和会计知识。
>
> 5）流程知识。
>
> 6）产品制造技术和生产工艺。
>
> 7）成本预警系统理论。
>
> 8）投资分析和可行性分析。

第二部分
削减成本只须学会李家12式刀法

3 给杀手应有的地位

职业杀手敢于时时挺身而出,刀砍魔鬼,是因为有你作为他坚强的后盾。他的这把尚方宝剑,是你赋予他的。

在我的管理团队里,我觉得最重要的有4个人:第一个人,总经理。第二个人,财务总监,地位仅次于总经理。在许多企业里,财务经理往往排在各部门经理中,地位不够突出。第三个人,首席营销官。第四个人,财务助手,即我的砍价专家。营销方面由总经理和首席营销官负责,财务方面就由财务总监和砍价专家负责。

我把我的砍价专家放在管理的最高级别梯队里,让他直接对我负责,就是让他有更大的权力在公司里砍砍杀杀。这样,他的使命感才会被激活。

当然,还有一个非常重要的人——人力资源副总。人才管理也是核心之一。

4 建立砍价"黑名单"

如果你的公司很小,那么,就让财务总监做你的职业杀手;如果公司比较大,成立一个审计部门,在职业杀手的带领下,负责对财务最后把关。

职业杀手主要的工作职责,有以下几点:

1)建立严格的财务制度,完善砍价方法。

2)运用专业工具和方法。比如,在行动教育,就有价格数据库。公司经常使用的价格、采购成本、供应商资料,包括供应商的特点、供应的产品特点、品质、价格、服务等,全部录入数据库。一旦你打算做采购,马上知道什么价格最低,找哪个供应商。

3)防范风险。公司时常会面临法律风险、采购风险等,所以,他必须识别风险,不能盲目砍价。

4)保证品质。他不但要把每个魔鬼杀死,还要保证品质。如果谁为了节省成本而偷工减料,就毫不留情砍掉他。

一旦你的职业杀手发挥出作用,你就会惊喜地发现,用职业杀手负责砍价,省掉的那部分成本,远大于你的付出。

第二部分
削减成本只须学会李家12式刀法

> **瘦身早知道**　杀手的职责与成本"黑名单"

杀手的职责：建立严格的财务制度，运用专业工具和方法防范风险。

杀手"黑名单"：价格数据库、成本数据库、供应商目录等。

5 只相信数字,相信制度

我做公司这么多年,有一个很深的体会想告诉你:你要想砍价砍到最低,那么请记住:在财务上,除了制度和程序,你不要相信任何人。

我们公司曾经有 2 500 平方米办公室需要装修,通过招标,我选择了一家知名度很高的公司,公司的刘总是我的好朋友。项目做完后,刘总对我说:"花了 357 万元,实打实的成本,给多少钱,你说了算。"同时他补充说:"如果我赚了你的钱,我从这里跳下去!"当时我们公司在 8 楼,他这一招很绝,看上去无懈可击。但我告诉他:"我们公司不是我说了就算的,必须经过审计部,每次都是他们核算后再做决定。"审计部,就是我前面所说的职业杀手。

10 天以后,我的"职业杀手"对我说:"李总,数字已经出来了,成本是 157 万元。"电话打给刘总,他暴跳如雷。因为这个项目他委托给了他的副总。后来重新核算每个细节,同时请监理公司介入。一个月以后,数字出来了,确实是 157 万元。这件事情确实让他领受到了财务管理的威力。他说,他算明白企业的利润是怎么流失掉的了。

有句古话:"赚钱如针挑土,花钱如水推沙。"赚钱不容易,花钱你只要稍微不控制,泼出去的水就无法收回。审计上有句话:"追

第二部分
削减成本只须学会李家12式刀法

根究底。"我认为财务的本质就是追根究底,搞清楚钱是怎么来的,又是怎么花出去的,一定要有这种精神。

你在选择职业杀手的时候,要遵循三个标准:第一,作风正派。不管做人还是做事都必须实事求是,光明正大,坚持原则。第二,有敬业精神。热爱自己的本职工作,对待任何事情都非常认真。第三,对企业忠诚。他的财务知识还在其次,关键是他的态度。

 瘦身小故事:追根究底的王永庆

2008年10月15日,台湾台塑集团总裁王永庆与世长辞。这位管理巨星的陨落,让很多人痛心疾首。在"后王永庆时代",台塑集团的业绩仿佛丝毫没有受到掌门人去世的影响,一路上扬。2016年,台塑集团税前利润742亿元,仅台塑石化在2017年第一季度的利润接近50亿元,是中国入选2016年世界化工50强的2家企业之一。

台塑集团在制造业频频遇冷的今天仍能决胜商海、逆市上扬,相信与创始人王永庆的经营之道密不可分。他的管理理念已经成为企业的DNA,深植于台塑人的血液之中。他的管理之道,在10年后的今天,仍然广为流传。王永庆降低成本的本事,连世界级管理大师都为之惊叹、望尘莫及。那么,他的秘诀在哪里呢?

王永庆是台湾著名的抠门富豪,其被传为佳话的就是他的一条毛巾居然用了整整27年。他在多个场合反复强调这样一句话:"节省一元钱等于净赚一元钱。"他的这个理论被台塑集团员工奉为圭臬,并且为国内外企业管理者称为"王永庆法则"。他曾经说过,"成本

分析,要追根究底,分析到最后一点,我们台塑就靠这一点吃饭"。

有一次,他们开会讨论南亚做的一把塑料椅子。报告人把接合管多少钱、椅垫多少钱、尼龙布和贴纸多少钱、工资多少钱都算得很清楚,合计550元。每个项目的花费在成本分析上都通通列出来了。

但王永庆追问:"椅垫用的PVC泡棉1千克56元,品质和其他的比较起来怎么样?价格如何?有没有其他选择?"报告人答不出来。

王永庆再问:"这PVC泡棉用什么做的?""用废料,1千克40元。""那么大量做的话,废料来源有没有问题呢?"报告人也答不出来。

"南亚把塑料卖给人裁剪,在裁剪后收回的塑料废料1千克多少钱呢?"

"20元。"

"那么成本1千克只能算20元,不能算40元。塑料发泡机用的是什么样的?什么技术?原料多少?工资多少?消耗能不能控制?能不能使工资合理化?生产效率能不能再提高?"报告人还是答不出来。

这么一大堆工作没有做,在王永庆看来,是绝对不行的。所以王永庆一再强调,要谋求成本的有效降低,无论如何必须分析在影响成本各种因素中最本质的东西,一一列举出来审核,这样才能得出一个准确可行的成本。王永庆就是这样一点一滴做起,从而达到降低成本的目标。

第二部分
削减成本只须学会李家12式刀法

本章思考

1. 你的企业有专门的人负责砍价吗?
2. 你的企业有专门的人或部门对采购价格进行严格的审核吗?
3. 学习本章之后,你在财务人员的任用及采购物品的价格方面有什么需要改进的地方?
4. 你能像王永庆那样进行精细的成本核算吗?你是否经常轻信朋友或熟人给你报的价格?你在采购物品时达到价格最优化了吗?

第二式 砍人手——让每个人都能听到刀声

任何一个企业，如果要砍人，都有很大的空间。我一直主张砍人手，能砍多少就砍多少！想砍多少就砍多少！年年砍！月月砍！任何时间都做好砍人的准备！永远不可能人不够用！记住这句话："冗员就像海绵里的水，只要你去挤，总是有的。"

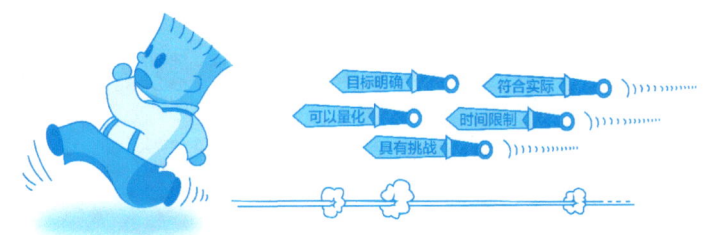

第二部分
削减成本只须学会李家12式刀法

1 3个员工只有一个是创造价值的

3个员工里，有两个都没用！这个说法绝非耸人听闻。没有企业家敢保证，他的所有员工在工作时间全部在做他们应该做的事！美国人力资源协会做过一个统计，在一个3个人组成的团队里面，有一个人是创造价值的，有一个人是不创造价值的，还有一个人是创造负价值的。这也正印证了我们中国的那句老话："一个和尚挑水喝，两个和尚抬水喝，三个和尚没水喝。"

有一次，天鹅、黄狗和龙虾想一起拉动一辆装东西的货车向前走。3个家伙套上车索，拼命用力拉，车上装的东西并不算重，可车子怎么都拉不动。你想这是为什么？天鹅拼命向天上拉，龙虾拼命往水里拉，只有黄狗是向前拉车的，但被他们两个一搅和，自己也无可奈何了。

德国人力资源专家马克斯的分析也发现，假如一个人一份业绩，并不是我们想象中的，人数增加，业绩就会成比例翻倍。一个人一份业绩，两个人就小于两份业绩，4个人小于3份业绩。当这个团队达到8个人的时候，居然业绩萎缩到小于4份！招聘人员过多，会令你的团队绩效下降。

2 一个员工的成本是他工资的 5 倍

有些企业家到现在都不了解一个员工的成本有多少。比如,今天要付一个员工的工资是 10 000 元,就认为他的成本是 10 000 元。然而,员工拿到手上的工资是 10 000 元,企业承担的成本是多少呢?你会说,多少还是会有一些负担吧,如养老金、保险,可能还要增加 50%。告诉我最多的是增加两倍,到 20 000 元。尽管大胆去猜!我告诉大家,美国人力资源协会统计出来的数字是多少呢? 50 000 元!

因为员工进来要培训,要考核,要管理成本,要办公桌,要办公用具,要占写字楼空间,要进行各种消耗。一个员工的成本根本不是他的工资收入那部分,这个员工一旦进入团队,各种成本就接踵而至。

还有一个最大的风险成本没有计算进去,刚才说的 50 000 元是算得出来的成本,是平均成本。但三个人进来只有一个人是创造价值的,另两个人是没有创造价值的。假设进来的这个人他制造出更多的负价值,他会在团队里不断造成亏损,给公司造成严重的损失。如果他个人作风不好,乱搞办公室关系,办事不够认真,还会拖累整个团队,造成的商业损失、品牌损失、客户流失。这些损失想想都后怕!

第二部分
削减成本只须学会李家12式刀法

3 请神容易送神难

"明天你不用来上班了!""你被解雇了!""你可以考虑到别的地方发展了!""这里不能留你了!"你要准备不断对绩效差的员工说这些话,甚至让它们变成你的口头禅!

砍人手,是所有企业家上任干的第一件事。杰克·韦尔奇1981年接手通用电器,第一件事情就是砍人手,一次砍了两万人,马上公司股票上涨。过了半年,公司股票又疲软了,他马上通过绩效评估,又砍了两万人,股票又开始回升。华尔街投资客一致看好他:铁腕领导!中子弹韦尔奇!韦尔奇发誓将砍人进行到底,过了半年,又砍掉两万人。

请神容易送神难。人手增加是最容易不过的了。很多时候,因为一项工作开始增多,有人就对老板说:"老板,我们真的忙不过来了,增加一个人吧。"你就说:"好啊,那就加吧。"人马上招来了。这样的工作繁忙也许是阶段性的,可你增加了的人手,就很难送走了。特别是有的企业家不敢拉下脸去砍人手,对一些不能胜任工作的员工,没有魄力和决断力去辞退,人只进不出,效率低下,反应缓慢,责任推诿,搬弄是非,关系紧张,最后一潭死水,同归于尽。

企业倒了,员工可以另谋高就,老板呢?

砍掉成本
企业家的12把财务砍刀

 **瘦身小故事**：华为的竞争意识培养

在华为，新员工进入企业之前，先要进行为期半年的军事化培训。在培训期间不断淘汰不能适应的人，还要进行定期和不定期的各种考核。5%的淘汰率，让华为对员工战斗精神的塑造不仅体现在形式上，更体现在行动上。一个培训班的二三十人中，最后一名无论考试成绩多好，都要被淘汰。IT行业的竞争是极为残酷的，所以华为从一开始就注意培养员工的竞争意识和战斗精神，让员工切身体会到，除了来自外部的竞争和危机，公司内部同样存在着激烈的竞争。这种危机意识和竞争意识一直贯穿在华为员工的整个人生历程中。

第二部分
削减成本只须学会李家12式刀法

4 人人头上一把刀

砍人手,不是挥刀乱砍,见谁不顺眼砍谁,见谁碍事砍谁,见谁和自己意见不合砍谁,那是流氓打架。你要让走的人心服口服,留下的人不惊慌失措。

"人人头上有指标,千斤重担众人挑",是成熟公司在人力资源管理上的原则,也是我们行动教育的原则。聪明的领导者,在每个员工的头上悬一把刀,只要他们有所懈怠,不需要领导者亲自动手,那把刀就会自动掉下来把他"杀死"。

人人头上有指标的意思,就是对每个员工用量化绩效,用利润导向,用数字说话。我建议你制定指标时要考虑下面5项原则:

1)无论对谁,目标都必须是明确的。

2)必须有可以量化的数字。团队里的员工有两种:一种是创造销售收入的,推销产品的人,他的数字就是销售额,他考虑的是怎么把销售额从2万元变成5万元、10万元。另一种人是花钱的,研发产品的人,他的数字就是控制成本,考虑怎样在保证品质的基础上,把原来的花费从10万元,降到9万元、8万元。另外,考核成

本花费者的另一个指标是,他花出去的钱必须转化成价值。比如,花 1 万元买了 1 台计算机,计算机要有价值,就必须为公司创造利润,所以这就把成本变成了价值中心,把营销变成了创造财富的中心。

3)要有挑战性。去年的销售业绩是 100 万元,那么今年可能就是 150 万~200 万元。

4)要合理。你不能好高骛远,太脱离实际。

5)要有时间限制,确定完成的时间。比如,一个员工一年要完成 200 万元的销售任务,最后完成的时间是 12 月 31 日,把 200 万元这个数字分解,根据自己的业务规律及过去的情况,分解到每月、每周,就知道他目标绩效如何量化了。

第二部分
削减成本只须学会李家12式刀法

5 让你的员工无处可逃

有人对我说:"李践老师,我们的很多员工没有绩效可衡量办公室后勤、服务人员、保安,他们不为公司花钱,也没有给公司创造收入,怎么给他做绩效表?"

我给大家两个工具,一个是时间圆饼图,就是针对没有绩效的员工,从早上上班时间开始,列明每个时间节点的工作职责,每项工作按照时间节点来检查。如果不在做这些事,那在干什么?如果在做工作以外的事,处罚!示例如图2-1所示。

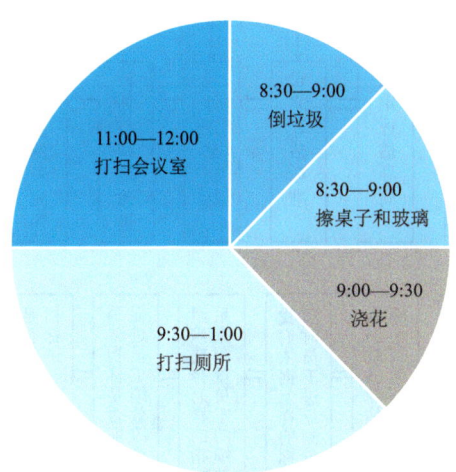

图2-1 阿姨工作时间饼图示例

从上班开始到下班结束,每个小时内所做的事情,全部要写出来！从这个圆饼图就可以看出，员工的工作是不是饱和的，是不是人浮于事。如果员工写不出来，就可以考虑有没有必要再设立这个岗位，这个员工有没有必要存在。有了这个圆饼，你的任何员工都无处可逃。

另一个工具是绩效图。画绩效图的方法有两步：

第一步，把每个员工的岗位、工作职责列出来。

第二步，让每个员工把时间分配比例按照图表画出来。你的工作职责都有哪些？主要的工作职责是什么，次要的是什么，各占多少时间比例？然后根据每个工作职责,占的时间比例画图（见图2-2）。比如，一个销售部经理，他的工作职责是：出去拜访客户，占时间30%；打电话，占20%；培训员工占30%。

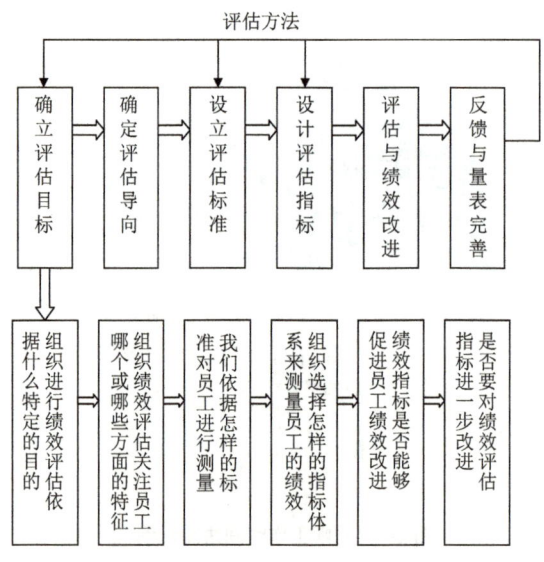

图2-2 员工绩效评估工作内容和工作流程

第二部分
削减成本只须学会李家12式刀法

这张图主要反映什么？反映一个员工对工作是不是分得清轻重缓急，你的 20% 的事情是不是最重要的事，你是不是把时间花在最有价值的事情上、产生了最高的价值。通过这张图公司里的每个员工都能十分明确哪项工作是最重要的。这个叫作经济学的 20/80 法则，20% 的事情决定了 80% 的利润。

6 每个员工都要佩把砍刀

员工收入增多,企业亏损加剧;员工只关心销售,不关心成本。你的企业有没有遇到这样的怪事?如果有,管理肯定有问题。

对销售团队的管理,大部分企业都是用收入乘以百分比来计算佣金的。然而,收入是什么?收入只是证明你公司有这些收入进来,并不能证明公司有利润!所以,在有些时候,员工是有收入的,但是企业是亏损的。因为你奖励他的并没有考虑所有成本,是按照进来的收入计算的。你的管理忽略了成本,就别指望让员工关心成本。这就导致了员工只关心自己的销售收入,花大价钱请客户,随便打的,挥霍公司的钱!

在今天,很多顶尖的公司有更高明的计算办法,它们不用收入计算佣金,而改成毛利润。也就是说,收入减掉直接成本等于毛利润,用毛利润乘以提成比例,这个提成比例一般为10%~15%,最后得出他的佣金。一个巧妙的变化,结果大不同。第一个好处,员工开始关心成本,自动自发地帮助公司节省成本,我们把这叫作"控制成本,人人有责"。

第二个好处,如果你原来是用收入计算佣金,员工经常要求公司降价,因为这个时候他只关心收入。"老板,市场竞争太激烈了,

第二部分
削减成本只须学会李家12式刀法

客户说不降价,他们就不买了!""老板,一降价销售额就上去了!"我对这样的言论最厌烦了!我们知道,价格 – 成本 = 利润,10 – 9 = 1,但是10如果降到9呢?9 – 9 = 0,这个时候公司没钱赚,个人的利益还是有保障的。

砍掉成本
企业家的12把财务砍刀

7 让 10-1>10

量化指标!量化数字!量化时间!量化职责!你的刀已经悬在他们头上,具有强大震慑力了!在这以后,再教你做一道减法题。

按照杰克·韦尔奇的绩效评估模式,每一年度,对员工全员进行绩效评估,然后分成3种,第一种人占20%,是企业最优秀、最顶尖的;第二种人占70%,这些人在他们团队是合适的、不错的;第三种人占10%,就是表现最差的(见表2-1)。

表2-1 对员工整体状态的评估

绩效等级	状态描述
不满意 (10%)	• 对工作缺乏兴趣,无进取心,工作散漫 • 错误经常发生,还经常犯同样的错误 • 他的懒怠已经对部门其他人的工作造成拖累 • 如果继续留用他,整个部门会受到很大影响
普通 (70%)	• 做事完整,能够完成基本的工作任务和工作环节 • 有一定独立性,能够独立完成常规工作,但有时需要督导 • 偶尔发生一些不会导致严重后果的错误 • 同事对他的工作状况和结果基本满意
优秀 (20%)	• 能够设计、规划、掌控全局 • 拥有的知识是要相当长的工作经历才能获得的 • 能够尽善尽美地工作,几乎完全不需要督导,工作成果卓著 • 如果较高职位出现空缺时,他是被优先考虑的对象

这3种人应区别对待。针对前20%的人,加薪!奖励!升职!给予股票期权!给他们更多的机会、更高的平台!针对70%的中

第二部分
削减成本只须学会李家12式刀法

间一族,加强培训、评估、绩效考核,在 70% 里面也可以再分成 20%、70% 和 10%,让他们努力成为前面的 20%。剩下的 10%,砍掉!10–1 之后,你得出的绩效,绝对是大于 10 的! 9–1>9,8–1>8……以此类推。

每次解雇员工,你都会切实地感受到,其他所有人工作表现迈向更高的台阶。那些表现平庸的人,会担心失去自己的工作;表现优异的人,会害怕被赶上,这让他们更加精力抖擞地履行团队的使命,同时也认为公司真的是很公平的。

8 令人生畏的电网

每个人都害怕电网,唯恐避之不及,触电身亡。

把电网放在公司里,会怎么样呢?告诉你,公司里的电网是激励员工的一个撒手锏,也是节省成本砍人手的一个绝招!就是要把令人恐惧的东西,作为激励员工的武器。

所谓公司里的电网,就是对每个员工限定最低的绩效要求。一旦触到这个最低点,就触电了,在公司团队里的生命就结束了。在我们的团队,每个工作岗位都设立了电网。

谈起电网,我想说说我和我妹妹的故事。

1992年,我开始创办广告公司。创业的资金都是通过集资而来的。我唯一的亲妹妹也在这个时候投了资,成了公司的股东。两年后,我妹妹想到我公司来,我告诉她,我们这里有电网。后来,她还是决定进入我们的销售团队。妹妹几次向我示意,她是公司股东,又是我的妹妹,能不能为她撤掉电网。可电网是牢牢摆在那里的,谁也没有办法。公司的制度规定,最低指标是完成绩效的60%,电网就是60%。之后,妹妹通过努力,几次逃过电网,并竞选上了经理,绩效指标是一年800万元,完成这个数字要在12月31日前,但是这800万元要分解到每个月,如果你的业绩在1～12月的过程当中任何一个月低于60%,就自动离职!我妹妹在8月的时候,业绩达

第二部分
削减成本只须学会李家12式刀法

不到60%,在当了7个月的经理的最后那一天离职了。妈妈对我破口大骂,妹妹在我公司吃够了苦,可我还是挽留不了我的妹妹,因为,我也害怕电网。

每个人都有电网,不要只针对销售人员,品质服务也要有电网。我们提倡零缺点工作,用接触点管理工作,在接触点上建立了严格的服务流程和标准。如果在相同的事情上出现第三次差错,电网就来了,自动离职!

砍人手的另一个绝招是末位淘汰制。在销售团队,根据业绩排行,也许你每次都侥幸完成了60%的绩效,却3次以上排在末位,那么你也触电了。

后勤团队和行政部门谁来电它们?客户服务部。客户服务部每个月都会有一张表格发到各个部门,对它们的服务态度、效率进行评估,评估表全部用数字打分,末位的一目了然。3次排在末位,就触电了(见表2-2)。

表2-2 以业绩报告为基础的员工绩效评估

自评

姓名		工作职位编号		现任岗位	
部门		工作时间		填表日期	
项目					
目前工作	(1)本年(月、周)你担任的实际工作是什么? (2)在执行工作时,你曾有什么困难?				

续表

工作目标	本年月（周）你的工作目标是什么？
目标实现	本（月、周）你的目标实现程度怎么样？
原因	你实现（或没能实现）目标的原因是什么？
贡献	你认为本年（月、周）对组织较有贡献的工作是什么？你做到了什么程度？
工作构想	在你担任的工作中，你有什么更好的构想？请具体说明。

他评

员工姓名_____
职　　位_____
主管姓名_____
评价时期_____

评价说明：
（1）每次仅考虑一个因素，不要让一个因素的评价结果影响其他因素的评价
（2）考虑整个评价时期的业绩，避免聚焦于近期的事件
（3）业绩为一般水平的员工应达到的工作标准

评价因素	较差，不符合要求	低于一般，需要改进，有时不符合要求	一般，一直符合要求	良好，经常超出要求	优秀，不断超出要求
工作量：考虑完成的业务量，工作量达到了可接受的水平吗？					
工作质量：在完成任务时是否考虑清晰、严密？					
积极性：实现工作承诺的积极性如何？					
可靠性：在完成任务时是否完全符合要求？					

第二部分
削减成本只须学会李家12式刀法

续表

评价因素	较差，不符合要求	低于一般，需要改进，有时不符合要求	一般，一直符合要求	良好，经常超出要求	优秀，不断超出要求
适应能力：是否具备对需求变化和条件变化反应的能力？					
合作精神：与他人共同工作的能力如何？					
未来发展的潜力如何？					

人是趋利避害的生物，知道哪些是要去争取的，哪些对他是有威胁的。行为科学家经分析得出，人之所以会行动，第一是逃离痛苦，第二是追寻快乐。设立电网、末位淘汰，调动了人的潜能，也为公司砍掉了最低效的成本花费。

9 低工资 + 高绩效 = 高利润

我们在学着努力控制每一分钱的成本,然而,在员工的收入上,你要适当大度点。在我的公司里,员工平均的收入水平是高于其他同类公司的,这也是为什么面对如此严格的要求,还有那么多人趋之若鹜。

真正的人性化管理,不是让员工放松懈怠,不是鼓励员工贪图安逸,而是给员工一个公平竞争的舞台,体现出效率!这是对员工最大的关怀!因此,要追求团队高绩效、低成本,不要让你的员工有安逸感!不要让他们拿到工资就满足了!

有一位游人旅行到乡间,看到一位老农把喂牛的草料铲到一间小茅屋的屋檐上,觉得很奇怪,于是就问:"老公公,为什么不把草放在地上,方便牛直接吃呢?"老农说:"这种草虽然质量也不错了,但是,我要是把它放在牛嘴边,它就不屑一顾,吃得很少。如果我放到让它勉强可以够得着的屋檐上,它就会努力去吃,直到把全部草料吃个精光!"

人也一样,容易安于现状,不愿意改变。要让人改变,就要让他有危机感,用难以完成的任务激起他的斗志!基本工资低下来以后,员工感觉没有了保障,这样就能促使他通过高绩效来实现自己的价值。

第二部分
削减成本只须学会李家12式刀法

我们所谓的低工资是什么呢？在员工收入中，只有20%是基本工资，80%都是绩效工资。基本工资低，公司负担就小，成本就降下来了，同时，促使员工追求绩效最大化。例如，一个员工收入是5 000元，其中1 000元是基本工资，4 000元来自绩效考核。如果这个员工总收入是10 000元，那么他的基本工资是2 000元，绩效是8 000元。用这种手段，即使人手多了，但因为每个人基本工资低，又都创造了高绩效，不会给公司带来太大负担。

后勤人员不能成为绩效考核的"漏网之鱼"，也要让他们关心公司的绩效。我们的办公室主任，工资基数是5 000元，但是，要乘以公司绩效。公司的绩效月月公布，如果这个月公司的目标是100万元利润，结果只完成了80万元，那么他的工资就要乘以80%，4 000元。总经理、财务总监、办公室主任，所有的后勤团队、人力资源部，全部都是个人绩效加公司绩效。

还有其他绩效量化的办法。还拿办公室主任做例子，5 000元的工资基数，1 000元工资加4 000元绩效。这其中的4 000元，不会让他轻易得手，再分解！再量化绩效！办公室主任不需要直接营销，但他有各种开支，那么，他就要控制成本。比如说办公室平均成本是10万元，公司要求你，只能8万元，你可能降不下来，成本降到9万元，那么，按照这个比例，你的奖金就变成了87.5%；如果成本降下来了，降到了7万元，你的奖金就上升。按照比例，成本每上升一个百分点，奖金就下降一个百分点；成本下降一个点，奖金就上升一个百分点。所以他的第一要务，是成本；第二要务、第三要务还是成本！成本！成本！

砍掉成本
企业家的12把财务砍刀

> **瘦身早知道** 管理者对成本的总体战略
>
> 1）不断向员工强调降低成本对公司成功的重要性。
> 2）雇用高品质的员工。
> 3）授权给员工。
> 4）增加员工的能力。
> 5）鼓励员工打破惯例。
> 6）采取水平的沟通。
> 7）将成本降低与薪酬挂钩。
> 8）将成本降低后的收益部分反馈给员工。

本章思考

1. 你的企业是如何对员工进行绩效考核的？
2. 你的企业是否设置了电网制度，企业的奖罚制度是否合理？
3. 你通常是如何考核后勤人员的绩效的？你是否常感觉你的后勤人员太空闲了？
4. 你的企业是否存在着创造负面价值的、必须立即砍掉的员工？

第二部分
削减成本只须学会李家12式刀法

第三式 砍机构——快刀斩乱麻

如果你有志于让你的企业砍掉成本、提高利润,就要做到刀不离身,爱刀如命。时刻握着你的刀!它是你的命根子!前面我们说了砍人手,下面我们还要继续砍下去。

砍掉成本
企业家的12把财务砍刀

1 不要一个人站在高处

问你一个问题,你必须认真考虑并做出回答。在你的公司里,你有没有感觉到你的意见不能很轻松地传达到下面?有没有感觉到,你被一步步束之高阁?有没有感觉到,公司的管理成本在逐年提高?如果是这样,首先,我恭喜你,你的公司做大了,你成功地创造了一个王国;其次,我要对你说,你的公司已经面临危机了。

我们知道,一个团队人手增加,机构就会增加;机构一旦增加,领导就增加;领导增加,效率就减缓。然后就出现决策减缓、工作推诿、人与人之间的关系变得复杂等问题。所以,要想重新塑造你的王国,让它变得有生机,现在开始,继续跟我做瘦身运动!

比如说,原来一个团队有10个人,你通过电网、绩效评估、末位淘汰,最后砍掉了3个人,绩效提升了50%。之后再接着砍,再用末位淘汰、电网,一直做下去,每个星期、每个月都做,从7个人中又砍掉2个人,还剩5个人。5个人的绩效又提升了50%。在这5个人里面再砍一个,绩效不但没有减少,还在往上增加。因为人手不在多而在精。

第二部分
削减成本只须学会李家12式刀法

管理机构也是一样的。机构臃肿以后,成为企业利润最大的"毒瘤"。可能一个木桶,只有5块板组成的时候,只有5条缝隙,容易被封死,但是如果木板增多了,缝隙也增加了,变成了20条,水流失的可能性就大了。渗透的速度加快了,离水漏完的那一天也就不远了。

2 要巨人不要侏儒

一个夸父就能喝干河水，追逐太阳，而7个小矮人，还抵不上一个白雪公主！巨人能独当一面，庸才一事无成。企业机构臃肿，很可能招了太多的庸才。

机构臃肿的原因主要来自3个方面。第一个方面就是盲目扩大，动不动就增加人手。第二个方面是没有招聘到优秀的、能够独当一面的员工。在招聘员工时总在招低于自己水平的人，所以越招水平越低。比如你公司要完成800万元的任务，如果你招到一个优秀的人，他一个人就完成了800万元，这样，你就不用招第二个了；如果招到能力差的人，只能完成100万元，那么你需要再招7个。也许你越招越弱，10个人都完成不了800万元。

我们招人，都知道应该采用巨人政策，招比自己能力更强的人。但是在实际招聘的时候，往往将自己作为标杆的上限，把很多平庸的人招了进来。人虽多却办不成大事。

现在就要给你的人力资源经理加压，观察新进员工的绩效。如果他招进来低于平均业务水平的员工，残局就由他来收拾！这样，他就不敢有私心了。如果招人最后由你拍板，你也要承担责任！

第三个方面是没有进行绩效量化，最关键的是对员工、对团队没有形成利润中心、价值中心，这样的话，人多了就容易形成恶性循环。

> **第二部分**
> 削减成本只须学会李家12式刀法

3 砍掉专职的副总经理

你应该现在就挥起你的刀来，向臃肿的机构砍去。尽量让你的组织扁平化，把你自己从高处降下来。扁平到什么程度？把你的组织架构砍到地平线！

总经理下面不要有副总！如果需要有副总，让部门经理或办公室主任来兼职。换个说法就是，与其专门雇用或提升一个人做副总，不如给你的部门经理一个大点的头衔，这样，表现出色的部门经理得到了个人满足，也给其他管理人员指示了努力的方向，而且这样的副总更熟悉业务，更贴近实际。

不要吝惜头衔，多给他们几个，他们会更卖力。

砍掉成本
企业家的12把财务砍刀

4 把所有经理的椅子靠背锯掉

"上级不安排工作,下级就坐着等;上级不指示,下级就不执行;上级不询问,下级就不汇报;上级不检查,下级就拖着办。多干事情多吃亏,出了问题找借口。听从指示没有错,再大责任可分担。"

任务虽已布置,但是没有检查、监督,领导不主动深入调查情况,掌握第一手资料,只是被动地听下级汇报,不核实就做决定或向上级汇报,出了问题,责任还可以往下级身上推。下级认为,我已与上级联系过,什么时候得到回复我无法决定,延误工作的责任应该由上级负责,我只能等。

这些是一般企业的通病!很多工作,是在多次检查和催办下才完成的,造成极大的浪费!出现这样的问题,管理者要负 100% 的责任!你的企业如果是这样的,已经危在旦夕了。

这些等待,是时间成本的浪费,也是人力成本的浪费。在激烈的市场竞争中,你想想,还有多少成本经得起这样的浪费!这样的情况经常发生,你还犹豫什么?

麦当劳快餐店创始人雷·克罗克是美国最有影响力的十大企业家之一。他不喜欢整天坐在办公室里,大部分工作时间都用在"走动管理"上,即到各分公司、各部门走走、看看、听听、问问。

麦当劳公司曾有一段时间也面临严重亏损的危机,克罗克发现

第二部分
削减成本只须学会李家12式刀法

其中一个重要原因,是公司各职能部门的经理有严重的官僚主义,习惯靠在舒适的椅背上指手画脚,把许多宝贵时间耗费在抽烟和闲聊上。于是,克罗克想出一个奇招,将所有经理的椅子靠背锯掉。一开始很多人骂克罗克是个疯子,不久,大家明白了他的"苦心"。他们纷纷走出办公室,深入基层,开展"走动管理",及时了解情况,现场解决问题。经过大家努力,终于扭亏为盈。

 瘦身小故事:小米的扁平化结构

小米的组织架构是扁平化的,他们相信优秀的人本身就有很强的自驱力和自我管理能力。在小米这样高速成长的企业里,只有上下高度聚焦在核心产品上,管理扁平化,才能更快速地决策和执行。

小米的组织架构层级很少,几千人的企业只有3级:7个核心创始人、部门领导和员工。团队一般保持在十几个人的规模,超过规模就拆分成小团队。从小米的办公室布局就能看出这种组织结构:一层产品、一层营销、一层硬件、一层电商,每层由一名创始人坐镇,都能一竿子插到底。大家互不干涉,都希望能够在各自分管的领域做到业界一流。

除了7个创始人有职务,其他人都没有职务,都是工程师,晋升的奖励就是涨薪。员工不需要考虑太多杂事和有太多杂念,没有什么团队利益之争,一心扑在工作上。这样的组织架构,减少了层

级之间互相汇报所浪费的时间。截至2013年,小米达到数千人的规模,除了每星期一召开的公司级别例会,其他时间很少开会,也没有什么季度总结会、半年报告会。在成立的最初几年里,7个合伙人只开过3次集体大会。2012年8·15电商大战,从策划、设计、开发到供应链协调,仅用了不到24小时准备,上线后微博转发量近10万次,手机销售量近20万部。

创始人雷军的第一定位不是CEO,而是首席产品官。他大部分时间都在参加各种产品会,每周定期和MIUI、米聊、手机和营销部门的同事坐下来,进行产品讨论。公司的很多产品细节,就是在这样的会议中,与产品经理、工程师一起讨论决定的。

第二部分
削减成本只须学会李家12式刀法

5 清空你的办公室

2003 年,我被任命为 TOM 户外传媒集团的中国区总裁。我做的第一件事情,就是策划搬迁我们公司集团的总部——位于北京王府井大街的东方广场。

机构多、人多、办公地方大,成本浪费严重,这样的日子我一天都忍受不了!我说我们的机构要搬迁,我们的客户在哪里,机构就在哪里。在搬迁的过程中,我就开始砍人手、砍机构,该取消的取消,该合并的合并。削减到什么程度呢?我们 8 亿元产值、1.2 亿元利润、600 多名员工,总部只有 7 个人!

所以,砍机构的一个绝招就是策划机构搬迁,削减机构在神不知、鬼不觉中完成了。

一个部门的属性有两个可能:一个是利润中心,另一个是价值中心。所谓利润中心,就是直接带来销售收入的部门,如销售部等。所谓价值中心,就是为公司管理带来巨大价值的部门,如财务部。财务部是控制成本部门,财务总监负责整个公司的成本控制,能够为公司带来极大的价值。再比如说 IT 部,我们行动教育集团有 800 人,总部只有 40 人,大量的管理工作依靠信息化,因此 IT 部也是一个价值中心。如果既不能带来利润,也不能创造价值,如行政部等,应该尽量削减人员,工作外包。我让我的人全部到前线去、到客户

身边去、到市场上去,不要坐在办公室里。

 瘦身小故事:麦斐逊的"快刀"

达纳公司是个很普通的公司,主要生产螺旋桨叶片和变速箱之类的普通产品,多数是满足汽车和拖拉机行业需要的,公司拥有30亿美元的资产。20世纪70年代初期,公司雇员人均销售额与同行业平均数持平。然而,到了70年代末,在没有大规模资本投入的情况下,公司雇员人均销售额猛增了3倍,一跃成为《财富》杂志按投资总收益排列的500强公司的第二位。对于一个身处如此普通行业的大企业来说,这的确是个非凡的纪录。

1973年,麦斐逊接任公司总经理,他做的第一件事,就是废除了原来厚达6厘米的政策指南,取而代之的是只有一页篇幅的宗旨陈述。大意是:

- 面对面地交流是联系员工、保持信任和激发热情的最有效手段。关键是要让员工知道并与之讨论企业的全部经营状况。
- 我们有义务向希望提高技术水平、扩展业务能力或进一步深造的生产人员提供培训和发展的机会。
- 向员工提供职业保险至关重要。
- 制订各种对设想、建议和艰苦工作加以鼓励的计划,设立奖励基金。

麦斐逊很快把公司领导层从500人裁减到100人,机构层次也从11个减到5个,大约90位工厂经理成了"商店经理"。麦斐逊说:

第二部分
削减成本只须学会李家12式刀法

"我的意思是让员工放手去做。在一个制造部门,还有谁能比机床工人、材料管理员和维修工人更懂得如何操作机床、如何产出最大化、如何改进质量、如何节省材料的呢?"

麦斐逊要求各部门的管理人员和本部门的所有成员,每月举行一次面对面的会议,直接而具体地讨论公司每项工作的细节。麦斐逊强调说:"切忌高高在上,闭目塞耳和不察下情的不良作风。这是使企业青春不老的秘方。"

6 瘦身是一场大革命

在中国的历史上,有一个词叫"削藩",就是皇帝要把部分诸侯的权力废除,让国家机构扁平化,最终达到中央集权。然而,这样的斗争一直是残酷而激烈的,汉景帝削藩,引发"七国之乱",差点不可收拾;明朝的建文帝削藩,招来"靖难之役",把自己的位子和性命搭了进去;康熙帝削藩,导致"三藩之乱",内战打得不可开交。

所以,在瘦身的时候,如何平衡好各方面的利益和关系,在你动刀的时候,不会有人反击,这是很重要的。做企业,做大了都会经历这样一场瘦身战争:为了避免痛苦的大公司病,必须从财务和管理机制方面展开全面的"削藩"运动。

中国电信集团以前的电信设备采购权是下放到县一级的。分散的采购额,很难在与供应商的谈判中处于有利的地位、拿到优惠的价格,无形中造成了运营成本的增加。于是,集团将采购权收归省一级的公司。

IBM——瘦身之后开始翩翩起舞的"大象",在面对客户时,客户总是只看到销售代表一张面孔,而IBM各组织机构,如产品部门、技术部门、咨询人员等,都在幕后配合,提供给客户满意的一揽子软、硬件的产品和服务。

对于这些大公司,一个明显的改变是:除了节省管理费用、降低成本,还可以把各个分公司纳入一个整合的管理系统中,从而实现了集团对下属公司控制力的加强。

7 砍机构要巧借外力

砍机构我提倡快刀斩乱麻,但你要小心用刀,注意策略。

集团加强对下属业务的控制,途径可以是战略、财务、人力资源的集中控制,也可以是业务重组及职能的整合,甚至是直接的人员调整。

砍机构最危险的做法,是断然宣布新的组织架构和人员任命。直接削减下属权力,有可能激化企业内部的矛盾,甚至引起大乱。这种做法不可取。

 瘦身小故事:陷入人事动荡的特斯拉

2018年5月14日,特斯拉首席执行官伊隆·马斯克在一封内部信中称,特斯拉将重组和扁平化公司组织架构。他的这番表态发生在特斯拉几名高管连续离职之后,并且还面临着要提升旗下Model 3车型产量的挑战。

在内部信中,马斯克称:"特斯拉对于未来已经做好了充分准备,我们正在对公司架构进行重组。作为重组的一部分,我们将管理架构进一步扁平化,以促进关键信息的沟通,同时削减对于我们达成目标不必要的活动。"

这并不是马斯克第一次表示他希望对特斯拉采取精简措施。在

第二部分
削减成本只须学会李家12式刀法

公布第一季度财报前,一封被泄露的电子邮件显示,该公司将在开支上采取更加严格的措施,包括与供应商和承包商的关系。消息发布后,在纳斯达克周一常规交易中,特斯拉股价收盘于291.97美元,较上一交易日下跌了近3.02%。

与此同时,特斯拉几名关键职位的高管先后离职。负责工程的Doug Field暂停工作,而他被视为Model 3提升产能的关键人物;另一位负责Aupilot技术的高管Matthew Schwall则离开特斯拉加入谷歌旗下Waymo无人驾驶部门。在过去的7个月里,特斯拉已经失去了至少9名高管,并且有一名高管正在休假。

2018年第一季度,特斯拉的现金收入为27亿美元,低于2017年年底的34亿美元。市场研究公司CFRA Research的分析师艾夫雷姆·李维(Efraim Levy)对CNBC表示,包括在业务上需要投入的资金及需要偿还的债务在内,他预计未来两年特斯拉将有大约45亿美元的资金短缺。

频繁的管理层人员变动,很多人认为特斯拉正在失去顶尖人才。业务上巨大的资金投入及高额债务,都使特斯拉必须进一步融资。2018年3月27日,信用评级公司穆迪(Moody's Investors Service)将特斯拉的信用评级从B2下调至B3,并"不排除继续降低评级的可能"。

因此,集团公司应该考虑另一个工具——流程变革,就是在过程中,引入客户导向、利润导向的理念,转移矛盾焦点,同时为业务重组提供理论依据,以规避风险。通过流程变革,实现责任、权力、利益的再分配和平稳过渡。

要以客户、利润为导向考核团队和筛选机构。例如，我们的北京公司出现了亏损，我们马上到北京公司找到公司老总，分析原因，找出解决方案，同时制订出下个月的工作计划。北京公司老总对我说："下个月亏损不会有了。"可到了下个月，还是亏损。我们马上又分析原因，让公司老总做出保证。第三个月，仍然亏损。这时，公司的电网来了，公司老总自动离职，没有任何怨言和解释。北京公司老总离职以后，我们就把北京公司和上海公司合并，把上海的老总调到北京，把两个团队合并起来。

还有一个团队在广州，也是出现亏损，虽然亏损金额比较小，我还是努力马上止亏。3个月后，扭亏没有成功，广州老总也被撤了。我们发现找不到合适的总经理，于是马上关闭广州业务部。

团队找不到合适的人，我宁愿合并。我想表达的一个重点是，一个部门如果不能创造利润、不能带来价值，你就不要等待、拖延，要快速决断，马上砍，这也是你缩减机构的最佳时机。砍了，就能为你节流；不砍，就成为你的漏洞，会一直失血，造成公司最后瘫痪。

> **瘦身早知道**　　**砍机构的技巧**
>
> 1）通过"我能创造多少利润，我能为客户做什么"大讨论，引入"利润导向，客户导向"的理念。
>
> 2）按照利润和客户导向的原则，通过学习和研讨，重整企业的三大流程，即产品研发流程、销售流程和订单交付流程。
>
> 3）根据新的业务流程设计新的利益机制。让业务负责人最终对企业价值链和三大流程负责，他们的利益将根据流程的最终成效和流程关键点的成效来确定。

第二部分
削减成本只须学会李家12式刀法

📖 本章思考

1. 你的公司在上下级之间、部门之间的沟通是否效率低下？是否有些部门之间的职能可以合并，有些职能可以兼任？

2. 你是否在用"利润导向，客户导向"的原则设置机构？你是否觉得部分管理人员有严重脱离市场的倾向？

3. 你是否觉得有些部门没有创造价值？有些职位没有存在的必要？

4. 学完本章，你觉得自己企业中的哪些机构可以立即砍掉？

第四式 砍固定成本——手起刀落

砍固定成本很简单,就在手起刀落之间。诀窍就两个字——外包。

尽量用别人的,尽量外部消化!你要有心胸,让一点利给你的合作者,这样你会降低风险、提高效率、得到更多!

第二部分
削减成本只须学会李家12式刀法

1 购买固定资产,你要承担"七宗罪"

购买固定资产,你的罪过大了。听我的忠告,有钱别买固定资产,宁愿去做市场、做品牌、做客户!没钱更不能借钱买固定资产,宁愿去租别人的!有多余的固定资产,马上砍掉!

有些企业家常把钱花到了固定资产上,忽略了一个实质:固定资产不是在增加我们的利润,而是在侵吞我们的利润。

固定资产购买以后,你要承担"七宗罪":一是你的资产占用了大量的资金,这些资金不能用于做别的投资,机会成本的耗费太大了;二是不管使用不使用,它都要产生大量折旧,每天都在发生;三是固定资产不像其他资产,它要产生大量磨损;四是你一旦转产,或者使用不足导致的损失,根本无法估量;五是固定资产本身在建造中,比如盖厂房、建生产流水线,需要大量的成本,同时还要耗费大量的时间;六是固定资产购买以后,经常闲置浪费;七是随着技术的发展,固定资产要不断更新、不断维护。这七大浪费,就是你的"七宗罪"!

如果你的企业收入是10,成本是9,收入减成本等于利润,那么利润就是1。要增加固定资产,比如要买一辆汽车,企业就要用利润去买、用现金去买。假如这辆车是100万元,那么这100万元的现金就变成了固定资产。所以本来利润是10-9=1,但是你买了一辆车,

变成了 0。

你花了 100 万元，拿到了心爱的车，这 100 万元已经贬值了，你不可能以 100 万元卖出去。然而，噩梦才刚刚开始。你买车以后，你开始要交税、装饰，花过路费、养路费，同时你还要请专职驾驶员。有了驾驶员，要养人，你就要有桌子、办公场地，甚至还要有一个人去管他。光那些养路费、维修费、折旧费，等等，就让你应接不暇。

想一想，为什么很多国际大公司不买车，宁愿打的？前一段时间我住在东方曼哈顿，那里有很多国际公司的 CEO。我看到，没有一部车是他们自己开的。租车，给人感觉是贵了，但实际上不是的，因为它是一次性开销，比起把固定资产变成负债要好得多。

第二部分
削减成本只须学会李家12式刀法

2 资本性开支是旋涡

如果把企业经营看作登山，那么，负债就是山顶上的那块大石头。一有风吹草动，它就可能掉下来让你一命呜呼！固定资产是负债，是那块大石头。

有一次，一个浙江的企业家对我说："李总，不对呀，我买固定资产不等于负债呀。我买了一块地，那个地增值了，怎么会是负债呢？"我说："那你知道什么叫增值吗？假如你买这块地花了10万元，然后把这块地15万元或20万元卖出去，扣除税金、利息、成本、各种费用，如果剩余10万元现金，那是增值了。你必须把它变为现金，拿到手才叫增值。"

巨人集团的史玉柱曾对我说，外界在评论他的巨人集团失败时说，因为他盖楼，盖了40层的大楼，好高骛远。他说其实根本原因有两个：第一，投资失误，也就是资产投资项目失败；第二，财务管理失误。如果你根本不知道你的企业有多少钱，根本不知道企业的现金流，根本不知道企业的利润是10减11、10减15，还是10减8，企业肯定会亏损。

砍掉成本
企业家的12把财务砍刀

再给大家一点忠告,你的资本性开支的费用一定要严格审核、严格把关,要建立流程、责任到人。

在行动教育集团,我规定必须把每一分钱、每一分成本当成魔鬼杀死,杀不死就视为项目投资,必须得到回报。所以,我们建立了流程,每个项目回报率必须在25%以上,而且要在当年度。投资的回报率有没有现金流?现金流的比例是多少?搞清楚以后责任到人,谁花了这笔钱?什么时候花出去?什么时间回收回来?回收的周期每个月都要列出来。按照这些数据追加绩效评估,到最后如果没有落实,就要追究责任。在这种情况下,每一笔钱、每一分钱、每一个流程都得到严格把关和控制。

砍掉你的固定资产,搬掉山顶的大石头,你就能"会当凌绝顶,一览众山小"。

> **! 瘦身早知道 降低固定资本的重点**
>
> 1)清理无效资产,将不参与生产经营活动的资产清理掉。
>
> 2)必需的固定资产尽可能通过租用等方式获得,将固定成本支出变为流动成本支出。
>
> 3)分析自身的优势所在,将不具有优势的生产过程尽可能外包。

第二部分
削减成本只须学会李家12式刀法

3 把生产线建在别人的厂房里

很早以前,看过一个脑筋急转弯,相信许多人都很熟悉,就是问:青春痘长在哪里不影响自己的美观?有的人回答说长在后背上,有的人猜是不是长在屁股上,还有人说长在别人的脸上。

第三个答案聪明,我欣赏!对于企业的固定资产,也可以出个脑筋急转弯:固定资产安置在什么地方不影响自己的企业发展?聪明的回答是:安置在别人的厂房里!

我们知道,企业要想降低成本,就要扩大规模。但是,要想实现规模经济,首先要增加投资,扩大产能,加大固定资产的投资。而一旦你购买了固定资产,就要承担"七宗罪"。假使销售出现问题,固定资产会成为你的拖累。

这样的问题很令人头疼,但是,脑筋急转弯可以给我们一些启发。

广东有家生产微波炉很有名的企业,叫格兰仕,它也遇到了这样的困惑。但是,与增加生产线相反,格兰仕走的是虚拟联合、规模扩张的路子,不仅没有动用一分自有资金投资固定资产,还把别人的生产线一个个地搬到了内地,而且建这些厂用的还是别人的钱。

以微波炉的变压器为例,格兰仕开始时分别从日本和欧洲进口,从日本的进口价为23美元,从欧洲的进口价为30美元。格兰仕对欧洲的企业说:"你把生产线搬过来,我们帮你干,干完后8美元给

你供货。"日本的企业在成本的挤压下备感煎熬。这时,格兰仕对日本企业说:"你把生产线搬过来,我们帮你干,干完后5美元给你供货。"于是,一条条先进的生产线都逐渐搬过来了。规模大了,专业化、集约化程度高了,成本也大幅度降下来,格兰仕现在生产变压器的实际成本只要4美元。

与此同时,格兰仕每天实行3班倒24小时工作制,使得格兰仕的一条生产线创造出相当于欧美企业6~7条生产线的产能。不分昼夜狂奔的格兰仕,将对手远远抛在后面。

再比如蒙牛,在生产扩张过程中需要添置牛奶生产线。但是牛奶生产线非常昂贵,高达2 500万元,而且蒙牛需要很多条这样的生产线,如果全部购买,那将是一笔天文数字。一旦买回来,马上就面临着折旧、维修、管理等成本,有了新机型,还面临着淘汰的可能。

多次考虑以后,蒙牛没有购买这些机器。蒙牛并不缺钱,但蒙牛的背后站着很多资本大佬出谋划策,有摩根士丹利、高盛这些国际顶级的投资咨询公司。蒙牛从战略角度出发决定不购买设备,而是采取了外包、租赁的做法。它在北京找到一家租赁公司,用租赁的方式使用设备。如果生意好就长租、多租;如果生意不好就少租;如果没有生意就退租,进退自如。租赁机器的成本远远低于购买机器的成本,从根本上节约了资金,保障了稳定的现金流。

成本降低了,市场风险小了,没有了固定资产的拖累,你就可以轻装上阵了!

第二部分
削减成本只须学会李家12式刀法

📖 本章思考

1. 你所从事的行业,是否可以把生产线建立在别人的厂房里?

2. 是否有些业务和服务项目实行外包更划算?有些固定资产是否可以立即砍掉?

3. 你的尖刀产品、优势项目是什么?你将采取何种措施把你的尖刀产品做大、做强?

4. 学完本章,你对砍固定资产、借力外部资源有什么好的想法?

砍掉成本
企业家的12把财务砍刀

第五式 砍采购成本——借刀杀人

采购和服务占你企业成本的百分比是多少？在许多企业中占到50%，甚至70%！我们按50%计算，你节约8%的采购费用，利润边际点会增加4%！一个企业的利润能有几个4%？也许一个都不到。可想而知，对它们出刀，你的效率有多高！如今的市场，早已经是买方市场了。你是买方你怕谁？不要有后顾之忧，尽管对它们出刀，能多狠就多狠。就是要步步紧逼，得寸进尺！

第二部分
削减成本只须学会李家12式刀法

1 磨快你的刀，越快越好

高手过招，一招定乾坤。磨尖你的刀，以不变应万变！

讲一件很早以前的事情，对我的触动很大。一次，一个世界顶尖的空手道高手要求和我过招。我先出招，我的手就直拳打过去，一秒钟的动作。然而，出乎意料的是，只一招，我的拳还没有落到他身上，我的人已经飞出去了，一瞬间被打出很远的距离。我完全震惊了！后来，这位高手说，他练了47年。就一个出拳的动作，练了47年！

我想起我的师傅和他说的一句话是相同的，他说："李践，你要把一招练十遍、千遍、万遍！你只有练到一千万遍的时候，才会有效果！当你练到两千万遍的时候，你的武功就出来了！最简单、最有效的方法，就是重复！"

我们任何人、任何企业，都不可能成为全能冠军，成为单项冠军就可以了。

企业家一方面要拿着砍刀，另一方面要磨着尖刀。这个刀，就是企业的核心竞争力。企业要聚焦3个核心：第一个核心是业务；第二个核心是产品；第三个核心是客户。把你的精力和时间聚焦在你的最核心、最有生产力、最有绝对优势的业务上。其他的全部外包给别人！不要犹豫，马上去做！

2 竞合时代,"不战而屈人之兵"

我不爱吃麦当劳,有时候,我会陪我的孩子和太太去吃。我每次去麦当劳,自己只要一杯可乐。我喜欢握着可乐,想着事情。我看见很多人像我一样,到麦当劳去并没有吃汉堡包,而是喝可乐。

麦当劳最近公布了财务数字,它提供的 25 项商品当中,最赚钱的商品不是它的汉堡包。2016 年麦当劳 50% 的运营利润来自地产出租,40% 来自品牌授权,只有 10% 来自自有餐厅的运营。麦当劳赚取最高利润的商品,是别人的东西!

麦当劳的独特之处或者高明之处,体现在它不仅有专业的选址能力,还通过辛辛苦苦地卖汉堡包、辛辛苦苦建立麦当劳的餐饮文化,形成麦当劳商圈,以麦当劳商圈不断拉动海量的人流量来到麦当劳及附近的商圈。

这种做法就会主动、直接地推动房产价格的提高,这就是麦当劳成为"史上最牛的房地产公司"的秘密所在。它不是被动地等待房产升值,不是单纯依靠所谓的专业选址能力,而是积极主动地长期拉动房产价格的增长。

世界上的大公司往往有一个共同的特点,就是它们专精于一项业务,把自己的全部精力聚焦在自己独特的核心优势上,其他的都拿去合作。聪明的麦当劳不是把利润蛋糕分出去了,而是把利润蛋

第二部分
削减成本只须学会李家12式刀法

糕给分回来了,实现了1加1大于2。今天的这个时代,零和游戏早就没有市场了,世界已经进入了非零和时代。竞争的最高境界是什么?规避竞争,实现双赢。没有竞争才是最高境界的竞争,就是孙子兵法所说的,"不战而屈人之兵"。

企业也是这样的,你不必花费大量的成本、时间、精力去涉足你不熟悉的业务,合作会节省你的成本,成就你的最高利润。

大雁每年都要迁徙飞行。它们成群飞行的时候,都呈V字形,并定期变换领头雁。因为为首的雁在前面开路,V字形队形能形成局部的真空。科学家发现,成群的大雁用这样的方式飞行,在一定时间里,要比一只雁单独飞行多飞出12%的距离。

据统计,诺贝尔获奖项目中,合作获奖的占2/3以上。在诺贝尔奖设立的前25年,合作获奖的占41%,现在则占80%。

你需要合作、需要采购、需要服务,那么你要学会和合作者、供应商、服务商打交道,向他们要利润,你的刀开始指向你的供应商了。

砍掉成本
企业家的12把财务砍刀

3 鲇鱼是你借来的刀

加拿大有一个海滨小镇,所有的人都以打沙丁鱼为生。但是,让渔民们懊恼的是,沙丁鱼一出水面就死掉了,所以每个人卖的都是死鱼。唯独有一个人能卖活的沙丁鱼!为什么?后来发现,这个让沙丁鱼活下来的人,把渔网放在水里,并在渔网里放进沙丁鱼的死敌——专吃沙丁鱼的鱼,叫鲇鱼。鲇鱼一进去,就开始攻击沙丁鱼,沙丁鱼就东躲西藏,四处逃命。一条鲇鱼能吃多少沙丁鱼?吃不了多少。可是其他沙丁鱼因为有这条鲇鱼的威慑力在那里,激活了自己的求生能力,因而都能够生存下来。

管理有时候要学会无事生非,向那个渔夫学习,制造危机感!给员工危机感,给客户危机感,给你的供应商危机感!这样,你才能生存下去。

我们公司采购会经常招标,5万元以上的采购,我们要求必须有5家以上的供应商竞标,其中,5家里面必须有一家是新的,而且,我们不断地开发供应商。因为有新的竞争对手出现,这些供应商都变得非常积极,争相降价。我们总能够获得活的"沙丁鱼",拿到最满意的报价,降下我们的采购成本。这个时候,这些新进来的供应商,就是我们使用的"鲇鱼"。

不断让新的竞标者出现,竞标、竞标,还是竞标!

第二部分
削减成本只须学会李家12式刀法

永远不要很快地做出购买决定,因为,在供应商面前,你是上帝。我们在招标的时候,供应商所有的报价,采购部比较之后会转到审计部,审计部进行把关,然后砍价专家出手,背对背采购。就是说,他基本上不会看你过去采购的方式。砍价专家的供应商目录、供应商数据库开始起作用,他会再找2~3家,重新针对这5家供应商,或者针对最后一家,做一次比较。价格优劣马上就呈现出来了。

在采购的过程中,我们强调的是全国采购!哪里有优势和特长,就在哪里采购;同时,我们还强调外包、联盟,做自己最擅长的事,其余的全部交给别人去做。既然交给别人做,就要在砍价方面、供应商管理方面有专家专管。

瘦身早知道　资料收集的方法与渠道

根据统计,采购人员从事资料收集的时间,大约占他们所有时间的27%。由此可见采购信息的重要性。

1. **资料收集的方法**

- 上游法。了解采购的产品是由哪些材料组成的,全面分析它的制造成本。
- 下游法。了解采购的产品都用在哪些地方,查询这一产品的需求量和售价。
- 水平法。了解采购的产品有哪些替代品,获得新供应商的资料。

2. **资料收集的渠道**
- 杂志、报纸等媒体。
- 网络和产业调查服务业。
- 供应商、顾客及同行。
- 参观展览会或研讨会。
- 加入协会或公会。

第二部分
削减成本只须学会李家12式刀法

4 供应商的选择是中心任务

供应商也有魔鬼和天使,而且,它不像利润天使和成本魔鬼那么容易区分。供应商都披着天使的外衣!好的供应商为你降低成本,招来利润;差的供应商增加你的成本,给你带来麻烦。

如何从良莠不齐的供应商中找到最合适的,是采购的中心任务。记住:最合适的供应商,除了能及时提供合适质量的、充足的、价格合理的商品和完善的服务等,还应该具备许多其他条件。家乐福、沃尔玛等这样的大超市选择供应商的条件,我们可以借鉴。

1)信用。在进货前采购人员必须了解供应商的信用情况,主要包括是否准时发货、履行采购合同。

2)品质。明确了解供应商提供的商品质量,在商品性能、寿命、花色品种、规格等方面严格考量,并对不同供应商提供的商品进行比较。

3)价格。在保证商品质量的基础上,首选是价格低廉的供应商。

4)费用。比较不同的供应商、不同地区的进货成本和进货费用,从中选择采购成本最低的。

5)时间。了解采购商品的运货时间及结算资金占用情况等。

6)服务。将不同的供应商服务项目和服务质量进行对比,包括是否送货上门,是否负责退换有问题的商品,是否提供维修服务,是否负责广告宣传,是否负责介绍商品性能、使用方法、用途等。

5 让采购员和供应商保持对立

"小王,昨天晚上有人发现你和供应商在喝茶,你不用解释,明天不要来上班了!"

这样的例子,在一些特别严格的公司中常见。作为采购员,不管你平时表现多么好,不管你和供应商在谈什么,只要有工作外的接触,马上辞退,没有任何借口!

在某种程度上,采购员和供应商应该就是对立的。采购员不得接受供应商的任何礼物或款待,更不能拿回扣。在业余时间,为避嫌也最好不要与供货商有交往。

有些公司甚至专门雇用调查人员,像特务一样,跟踪采购员的行踪。哪怕采购员不是在为自己谋取私利,只要违反公司规定,就要开除!

吃人家的嘴软,拿人家的手短。采购员是最前沿的关卡,也是最容易被攻破的。采购员这一先头部队一旦被攻破,你的利润就可能不保了。

第二部分
削减成本只须学会李家12式刀法

所以,你要像王母娘娘一样,在采购员和供应商之间划条银河,禁止他们"幽会"!禁止他们"眉目传情"!甚至,让他们保持一定的对立。

同时,你还要管理好你的采购合同。根据公司的业务情况,制定包括合约签订、记载、审核、处理、检查等内容的合约管理细则,配备兼职的管理人员,随时掌握采购合约的履行和注销情况,统一负责采购合约的造册登记和存档。

6 永远做供应商眼中的"坏孩子"

如果什么时候在一次采购任务中,你发现你的采购员和供应商和平相处、皆大欢喜,那么,吃亏的肯定是你的公司。

"买的永远算不过卖的。"道理就是这么简单。不要觉得你占了供应商多大便宜、他们给你让了多大利润,你就心存感激和歉疚。放心,他们不会亏待他们自己的。

让你的采购员在谈判中的每一分钟,都要做一个"坏孩子"。听不进供应商的话,一直持怀疑态度,显得对所谈事情缺乏兴趣,或者犹豫不决。先胡搅蛮缠,再死缠烂打。

对供应商第一次提出的条件,要么不接受,要么持反对意见。采购员的反应应是"什么?"或者"你该不是开玩笑吧?",从而使对方产生心理负担,降低谈判标准和期望。对于谈判的事情,要求越离谱越好,说不定和供应商的实际条件比较吻合。这些不可能的要求有助于我们获得更大的谈判空间,做出最小的让步,并且让对手感觉似乎已经从谈判中使得我们让步了。把事情拖到下一次解决,在谈判要结束时,采购员声称须由上级经理决定,为自己争取到更多的时间,来考虑拒绝或重新考虑新的方案。如果他们没有足够的耐心，就只能乖乖就范了。

与家乐福、沃尔玛打交道的供应商，大多对它们又爱又恨。爱的是商品好销，恨的是它们对供应商的成本非常清楚，供应商的利润率被压到将要无法承受的地步，进退两难，却又无可奈何！

7 签约前砍价的4个必杀技

对待供应商,你要得寸进尺。直到最后签约的那一刻,都不要放弃砍价。一招不行,再换一招。我这里还有几招,供大家参考。

1)过关斩将。为了得到最低价格,让高层出马。我们的团队经常会找到我说:"李总,你能不能亲自出面,给供应商的董事长打个电话,或者见一下他?这样我们能够拿到一个最低价格。"总裁出面,说明重视,最后往往都会达到我们的目标。

2)直捣黄龙。当购买我们经常使用的商品时,我们就到源头购买。直接找到生产厂家,哪里生产的,就到哪里去购买。尽量避免通过中间商,减少中间环节,节省中介费用。

3)动之以情。在购买的时候,我们可以和对方说,如果这一次你照顾我,我可以长期跟你合作,我把我的业务、我的子公司,甚至联盟机构都引荐给你。通过感情诉求、关系交流、情感培养,让供应商给予我们最低的优惠价格。

4)釜底抽薪。经常采购的产品,我们可以要求对方提供原始单价、原始凭证。比如我要买一张桌子,就要对方把桌子的原始单价、成本全部透明,这张桌子用了多少木材、多少油漆、多少人工、多少钉子、多少运输仓储费用、多少税金,等等。通过这些数据分析每一项细节,看看有没有超高利润的水分。

第二部分
削减成本只须学会李家12式刀法

除了看到供应商给我们的价格,还要看到竞争对手的采购价格是不是比我们低。我们永远都不可能是世界上拿到价格最低的一家企业!所以,我们总有空间。那些办公用品,比如纸张、墨盒,一旦看到价格还有空间,我们马上尝试有没有可能找到竞争对手的那个供应商,获得一个更低的价格。

> **瘦身早知道** 家乐福培训采购员与供应商的销售人员谈判的原则

1)永远不要试图喜欢一个销售人员,但需要让他成为你的合作者。

2)要把销售人员作为我们的"一号敌人"。

3)永远不要接受第一次报价,让销售人员乞求。这将为我们提供一个更好的交易机会。

4)随时使用这个口号:"你能做得更好。"

5)保持最低价纪录,并不断要求得到更多,直到销售人员停止提供折扣。

6)永远把自己作为某人的下级,而认为销售人员始终有一个上级,这个上级总能提供额外折扣。

7)当一个销售人员轻易接受报价,或要到休息室,或去打电话以求获得批准时,可以认为他所给予的是能轻易得到的,可以进一步提出要求。

8)聪明点,但要装得大智若愚。

9)在销售人员没有提出异议前不要让步。

10）记住：当一个销售人员来要求某事时，他会有一些条件是可以给予的。

11）记住：销售人员不会要求任何东西作为回报，因为他在等待采购员提要求了。

12）注意：要求采购员提出建议的销售人员通常更有计划性，更了解情况，多花点时间同有条理的销售人员打交道。

13）不要对销售人员感到抱歉，坚持玩"坏孩子"的游戏。

14）毫不犹豫地使用一些说辞，即使它们是假的。例如："竞争对手给我们提供了更好的报价、更好的流转和付款条件。"

15）不断重复同样的反对意见，即使它们是荒谬的。你越多次重复，销售人员就越会相信。

16）别忘记你在最后一轮谈判中，会得到80%的条件，因为销售人员担心他会丢掉这一单。

17）别忘记对每日拜访我们的销售人员应尽可能了解其性格和需求。

18）随时邀请销售人员参加自己的促销活动，提出更大的进货量，尽可能得到更多折扣。进行快速促销活动，用差额销售来赚取利润。

19）用不可能的事来"烦扰"销售人员，事后通过延后协议来威胁他、让他等。确定一个会议时间，但不到场，让另一个采购人员代替你，威胁他说你会撤掉他的产品，并将减少他的产品的陈列位置，你将把促销人员清场，几乎不给他时间做决定。要

第二部分
削减成本只须学会李家12式刀法

相信,销售人员会给你更多。

20）注意优惠除了折扣是否还有其他形式,如奖金、礼物、纪念品、赞助、资助、小报插入广告、补偿物、促销、上架费等,所有这些都是受欢迎的。

21）不要进入谈判死角,这对采购来说是最糟的事。

22）避开"赚头"这个话题,就像魔鬼避开十字架。

23）假如销售人员花太长时间给你答案,你就说你已经和其竞争对手做了交易。

24）永远不要让任何竞争对手对任何促销讨价还价。

25）你的口号必须是"你卖我买的一切东西,但我不总是买我卖的一切东西"。也就是说,对我们来说最重要的是要采购将会给我们带来利润的产品。流转快的产品是一个不可或缺的天使。

26）不要让供应商的销售人员获得你公司的销售数据,对方越不了解情况,越会相信你。

27）不要被销售人员的新设备所吓倒,那并不意味着他们准备好谈判了。

28）不论销售人员年长或年轻都不用担心,他们都很容易让步。因为年长者认为他知道一切,而年轻者没有经验。

29）假如销售人员同其上司一起来,要求更多折扣,威胁说你将撤掉其产品,因为上司不想在销售人员面前失掉自己的客户。

30）每当一个品牌的促销活动正在进行时,问这个品牌竞争对手的相关销售人员"你们有没有相关的活动?"并要求同样的

优惠条件。

31）在一个伟大的品牌背后，你可以发现一个没有任何经验的、仅仅依赖品牌魅力的销售菜鸟，你可以利用他生涩的销售技巧赚取额外的优惠。

第二部分
削减成本只须学会李家12式刀法

8 供应商是你的共赢商

在这里,我不是教你把供应商看成敌人和魔鬼,成本才是我们的敌人和魔鬼。供应商是我们的伙伴,只不过,我们对这样的伙伴稍微挑剔了一点。提醒你,让你的采购员做供应商眼中的"坏孩子",所有使供应商不愉快的事情,都让你的采购员去做。对于比较满意的供应商,需要你或你的采购总监亲自管理,彼此建立密切的关系,并经常联络。

对供应商利润过分压榨,会引发他们的不快,给你带来危机。全球大的采购企业,都或多或少遭遇到供应商的不满甚至联合讨伐。供应商对零售商的苛刻要求越来越不能忍受,隐性矛盾就会转化为显性冲突。例如,2004年格力在国美和苏宁的"撤场事件"一时闹得沸沸扬扬。这种遭遇沃尔玛和福特都曾经有过,但后来它们适当调整了策略,沃尔玛与供应商共享信息,福特则帮助供应商降低成本。

在福特的成本控制部门,有几十个由福特采购部门员工和供应商组成的小组,共同商讨怎样优化价值链的各个环节。福特的供应商发展部门由4个团队组成:产品工程师负责对供应商的技术和质量进行监督和提出意见;程序工程师在新车型开发时协助供应商解

决零配件开发风险和质量问题；驻厂经理在整车组装现场当场评估和检测供应商的产品质量；战略计划和流程改进小组负责所有供应商指标改善的统筹，并对其他供应商发展团队提供支持。

与供应商合作，谋求共赢是主基调。如果只顾自己的利益，你将被供应商所抛弃。

第二部分
削减成本只须学会李家12式刀法

9 给采购物品以不同的待遇

前面那些对供应商的策略,我自信,可以让你的采购成本至少下降10%!可是,不是每笔采购你都有精力去抓每个细节的。如果那样的话,你在人力和精力上浪费的成本,远比你省下来的要多。所以,还要再告诉你一件必须做的事。

一个企业采购与服务的种类林林总总,价格不一样,数量也不一样,那么,就要对你的采购物资进行管理和控制。要根据重要程度的不同,分别进行不同的管理。这也是20/80法则的一种应用。

> **瘦身早知道** 20/80 法则
>
> 你面对的事情中,都存在重要的少数20%和不重要的多数80%。将管理资源集中于重要的少数,花80%的时间与精力在重要的20%上,将得到80%的回报;而在不重要的80%上,只需要花费20%的精力。

将你的采购物品分为3类:
- A类物品:高值——占采购总值70%~80%的相对少数的物品,通常为采购物品的15%~20%。
- B类物品:中值——占采购总值的15%~20%,通常为采购物品的30%~40%。

- C类物品：低值——占采购总值的百分比几乎可以忽略不计，但为采购物品的 60%～70%。

对上述 3 类物品，应区别对待（见表 2-3）。

表 2-3　物品 ABC 分类的基本法则

基本法则	具　体　内　容
控制程度	• A 类物品：严加控制，有最完备的记录（包括供应商成本、竞争对手成本），由最高层监督，每次都要竞标 • B 类物品：严加控制，有最完备的记录，由采购经理监督，经常竞标 • C 类物品：严加控制，有一般的记录，由采购经理监督，是否竞标看情况而定
采购记录	• A 类物品：有最准确、完整与详细的记录，实时更新记录，对相关文件、报废损失、收货与发货严密控制 • B 类物品：正常记录 • C 类物品：简单记录
优先级	• A 类物品：在一切活动中给予最高优先级 • B 类物品：只要求正常处理，仅在关键时候给予高优先级 • C 类物品：给予最低的优先级

本章思考

1. 你通常是怎样选择供应商的？是否对超过 5 万元以上的采购进行招标？对于一些需要经常采购的物品，是否会让新的供应商参与竞争以求得更低的价格？

2. 你是如何管理你的采购人员的？是否有制度能够保证采购人员的忠诚？

3. 你如何维持和供应商的关系？你做到和供应商共赢了吗？

4. 学完本章，你认为可以如何改进你的企业的采购系统？

第二部分
削减成本只须学会李家12式刀法

第六式 砍预算——刀刀紧逼

控制成本的最高境界是什么？就是把所有要发生的成本扼杀在襁褓中！在萌芽的时候就出刀！不要担心刀下得太重，成本是吃硬不吃软的，你要求它有多少，它就是多少！

1 设立预算制度

所有的公司都要做预算,估计出一年里大概的开支。你不要借口"业务变化太快""没时间""公司太小不需要""没有资源或人来做"把预算抛在脑后。连即将花多少钱都不清楚的公司,不可能生存太久。

在成熟的团队,预算的编制应该采用自上而下、自下而上、上下结合的方法,就是说,预算不是你一个人说了算,也不是财务经理说了算,而是有一套完整的预算制度(见图2-3)的。主要步骤如下:

- 第一步,调查。下一个年度,比如2019年,客户情况、新产品开发情况、竞争对手、市场供求关系、整个资本性开支……要对公司内部环境和外部环境做彻底的分析和预测。

- 第二步,对比。对成本做全面的对照和假设,对照今年的成本,假设明年的成本,有没有什么波动?所处行业的法规有没有变化?供应商方面有没有新的突破?明年有没有新的资本性开支?有没有大的人事变动?有没有大的银行贷款?要进行年度对比分析,首先要分析市场、客户、产品;其次要分析成本、供应商、创新举措、贷款、资本性开支。对将花出去的钱,做到胸中有数。

第二部分
削减成本只须学会李家12式刀法

- 第三步，预测。参照以前的数字，制订公司的年度经营计划，做出成本开支预算。比如，公司年度目标收入一亿元，那么一亿元收入的背后，就需要配套销售成本、费用，这样，预算就出来了（见图2-3）。

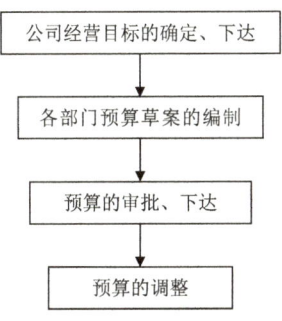

图 2-3　编制预算的流程

2 利润是要求出来的

我一直相信,砍预算,没有计算公式,只有你的意志!你如何要求,它就如何兑现。事实证明,的确如此。

按照常规,公司老总如果计划砍预算,一般先找来各个主管,问他们能砍多少钱,然后请他们写个报告,再根据这些报告安排预算。依我的经验,这种方法最多能砍掉 5%。

就服务预算而言,砍掉 30% 是完全可行的;就产品而言,20% 也是可行的。任何一次拿到预算之后,按照我的风格,不管三七二十一,先砍掉 20%。

我不管这个预算是怎么做的,不管会有什么后果,只要来了,马上砍掉。一砍,利润就出来了。对公司而言,再严重的后果莫过于没有利润了。

我就是非常坚决果断。财务总监来报预算,我看都不看,马上告诉他不行,今年必须把预算控制在 80%。他原来给我报的是 1 000 万元的预算,我当即告诉他,必须控制到 800 万元。一定要想尽一切办法,方法永远比问题多。

第二部分
削减成本只须学会李家12式刀法

我坚信,只要你有目标,只要你有坚定的意志,只要你想做,你就一定要去做。下定决心,没有做不到的事!

我的策略是,这20%的预算削减向供应商要。凡是团队里和供应商有关联的人,全部向他们提出来,20%必须砍掉,他们必须想办法。如果有人对我说:"哎呀,李总,如果砍不掉怎么办?"砍不掉,我就砍他的奖金!比如,我们一年的工程采购是100万元,我就对工程部要求,必须减到80万元。如果没有降下来,最终结果是90万元,说明你的成本递增了12.5%,你的奖金就下降12.5%;但是,如果经过你的努力,你的成本只有70万元,那么你的奖金就递增12.5%。

3 重压之下，必有勇夫

从小到大，我是在命运、生活的重压下成长的。小的时候，我甚至有过做乞丐的经历。可我感谢生活的重压，让我成为勇夫！所以，我在管理企业的时候，相信重压能够推助企业更快地成长，让企业成为巨人，只要不是高压。我不断地、一次又一次地向我的员工提出一个又一个看似不可能实现的目标，绝大多数他们都出色地完成了。我佩服自己，更佩服他们！这让我更加相信，重压之下，必有勇夫！

人在做事情的时候，往往很容易放弃，这是人的惰性。放弃，只要一句话，"啊！做不到！""不能做！"多简单！如果放任的话，成本就会升高，不被市场看好！这样不行！

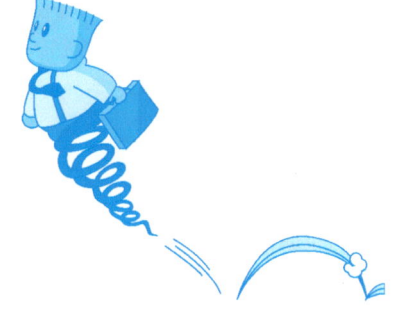

在利润面前，永远都不要放弃！向领导干部要求，只要是花钱的部门，预算必须砍掉20%；然后向员工要求，向财务总监要求，向采购的人要求。在公司外，就向供应商要求。管理就是提要求。你要求什么，你就得到什么。下属说你是疯子不要紧，公司利润上去了，员工收入提高了，他们

第二部分
削减成本只须学会李家12式刀法

会说你是天才。潜能就像弹簧,压力越大,反弹的力量也越大!

羚羊的宝宝在出生后30分钟内必须站起来迅速奔跑,才能避免沦为狮子的美餐。

大冠鹫只选择第一个孵化出来的宝宝喂食,其他宝宝就只能饿死。

一些鲨鱼的宝宝会同类相残,它们吃掉自己的兄弟姐妹,只是为了提高自己的存活概率!

物竞天择,适者生存。重压之下,必有勇夫。等过段时间回头看,你的员工个个都是勇夫。

砍掉成本
企业家的12把财务砍刀

4 预算是被逼出来的

在我们公司,每个人为了节省开支而努力,都不敢懈怠。

有一次,预算来了,被我砍掉20%。没想到,3个月之内,目标已经实现了。这说明水分还不少。我在第五个月的时候提出,再砍20%!我的办公室主任竭力反对,他说:"李总,你想,我们办公室有多少开支,无非就是驾驶员、汽车、复印、办公用品。你开始要求砍20%,我们减了,现在又来个20%,我减不了。"我说:"减不了?那就罚钱。"我非常坚决。

那之后的第一个月,他被扣了1 000多元;第二个月,又被扣了1 000多元;第三个月,他突然跑来对我说:"李总,刀下留人,找到方法了。"他说:"这一次你叫我减到70%,我可以砍;下一次你叫我减到60%,我仍可以砍;再下一次,你如果告诉我再减到50%,我还可以砍!"

顶尖高手啊!预算不就是这样逼出来的吗?节俭高手不就是这样练成的吗?

他找出一个什么绝招呢?他说:"我们唯一能砍的就是汽车了。"他想出一个办法,就是卖车。"公司现有7部车,减到7万元,我卖一辆车;下个月如果你还砍,再卖掉第二辆;3个月后你再砍,我卖掉第三辆。最后把你的车全部卖完。"

第二部分
削减成本只须学会李家12式刀法

"对啊,"我说,"那就对了啊!为什么不能卖呢?为什么非要有车呢?"我们马上就从车库里选出一辆车,把它卖掉了。

可惜的是,因为卖车,就要减人,驾驶员也被砍掉了。驾驶员离职以后,一气之下,自己开了一家广告公司。我前一段时间碰到了他,他开着自己的车,告诉我:"李总,我要感谢你。如果那一次你不砍车的话,我不会走,我还在帮你开车。我现在开我自己的车,这都是被逼出来的!"

瘦身早知道　经营周期

经营周期是从订货开始到客户支付货款的整个过程。即从现金→现金的过程。对于制造型企业来说,这其中包括的主要事件是:

1)购买原材料。

2)支付原材料货款。

3)生产产品。

4)销售产品。

5)向客户收取款项。

对于零售类企业来说,其中包括的主要事件是:

1)购买用于出售的商品。

2)支付购买商品的款项。

3)销售商品。

4)向客户收取款项。

对于服务型企业来说,主要事件是:

1）向客户出售服务。

2）提供服务。

3）向客户收取款项。

本章思考

1. 你的公司有预算系统吗？
2. 是否对每个项目、每笔开销都有预算？
3. 你在做预算时，是否将每笔开销都当作投资？是否思考过这笔开销能够为你带来多大的收益？
4. 你的财务人员向你递交预算时，你是否问过："这笔钱非花不可吗？会带来怎样的结果？"
5. 学完本章，你是否觉得有可以砍掉的预算？

第二部分
削减成本只须学会李家12式刀法

第七式 砍库存——刀走偏锋

高成本时代,能生产出产品不算英雄,能卖得出去,才是英雄!对生产企业来说,库存的费用是巨大的。存货保险、仓库租金、管理员工资、库存合理损耗等,每一笔都让你头痛!而且,还占用了你宝贵的现金。不要躲避这个问题,试着努力去砍掉你的库存吧!

砍掉成本
企业家的12把财务砍刀

1 做到零库存，你所向披靡

在产品过剩的时代，许多产品都是过剩的，所以，任何时候产品有库存都要格外警惕。

对于国内的服装业而言，库存始终是主要的痛点之一。知名男装品牌海澜之家据说总库存曾高达86亿元。运动品牌李宁在经历了2012—2014年3年的严重亏损之后，尽管创始人李宁持续发力，在2015年终于扭亏为盈，但高达9.5亿元的库存仍然像一个深水炸弹，时刻提醒企业真正走出困境仍需要时间。

可以说，让每款产品都大卖，不积压库存，是许多零售企业、服装企业的终极梦想，这个梦想却被迅销集团的优衣库实现了。在全球拥有近2 000家门店的优衣库，平均库存的周转天数仅83.72天，比国内其他服装企业快至少一半以上。它是通过哪几种方式来实现的呢？

（1）挑战常识——70%都是基本款

优衣库70%都是基本款，基本款最大的好处是市场规模大，而且犯错率低。这就从源头控制了库存的产生，使优衣库全年服装款式不超过1 000款。而国内其他休闲品牌，至少比优衣库多2倍甚至5倍以上。不难想象，款式越多，备货就越多，库存相应也会增加。

不过，优衣库对每款产品都进行了深度开发。一款单品，往往

第二部分
削减成本只须学会李家12式刀法

有圆领、V领，尤其在颜色上，大多有四五种。更重要的是，由于款式简单，面对的消费者反而比较多，而不是局限于某些特定人群，从而形成更大的市场规模。

（2）销售靠数据，而不是拍脑袋

优衣库的员工从进公司第一天起就要观察数字、理解数字、感受数字的变化。20多年来，通过收集每天每时每刻、每款每色每码、每个店铺的销售数据，优衣库形成了一个庞大的数据库。它通过实时监控、分析销售数据，来制定生产量、调整营销方案。事实上，只要将某些数据与去年同期比较，你就会知道，是否需要对新款进行打折促销。

（3）周——优衣库管理产品周期的基本单位

一周，在优衣库什么都有可能发生。店长会根据每周的数据，决定增加某款短裤S码的生产量，停止生产某款衬衫的黄色款，去掉某款外套左胸前的口袋，或者推出某款男式大衣的女式款。这些或大或小的调整都是基于消费者对商品的反应的。"我觉得今年的这个产品不太好，下次改良的时候应该……""我觉得你们'五一'的促销活动可能不到位，应该提前3天做。"……收到这些建议后回复的时间通常不超过一周。这意味着，每家店铺都可以根据自己本周的销售情况来调整下周的经营计划；工厂可以迅速调整生产数量；设计部门可以迅速将顾客的反映投射到下一阶段的产品企划中。这样以周为单位的管理周期，正是优衣库实现零库存的秘密所在，也真正体现了迅销集团的理念——迅速销售。

（4）赋权店长，迅速决定

优衣库在全球有几千家门店，每家门店的情况可能是不一样的。比如在广州已经热到要穿短裤了，东北可能还在卖春装。对此，优衣库在管控手段上，完全否定了"总部决定，分店服从"的传统连锁店模式，让权力下沉，店长被赋予极大的权力。

店长们把总部叫作"支持中心"，可以根据门店的位置、客源，自行决定和调整订货量，商品陈列、店铺运营方式、广告宣传单的内容等也可以自主决策，不过要服从区域和总部的调控。店长被委以重任的同时也要承担相应的责任——把店铺当作自己的公司去经营，对店铺的销售和库存负责。"像一个独立自尊的生意人一样经营好自己的门店"，是集团 CEO 柳井正对每位优衣库店长的要求。因此，每个店铺的库存都被严密控制，从根本上杜绝了分店库存积压的可能。

正是因为有这四大举措的保驾护航，才保证了优衣库基本可以做到零库存。也正是有了"零库存"这个核心大杀器，才使得优衣库能够在日本连续 20 年、经济萎靡不振的大环境下，逆市而上，实现营业额增长 160 倍、利润增长 1 500 倍。即便位于中国最偏远的店铺，年销售额也超过 2 000 万元，旗舰店则是几亿元的规模，店铺平均销售额 3 000 万元。2017 财年，迅销集团实现经营收入 18 619.17 亿日元（约合 1 113.05 亿元人民币），较上年度增长 4.2%；净利润为 1 192 亿日元（约合 202 亿元人民币），同比增长 148.2%。营收和净利润均创下历史新高。

第二部分
削减成本只须学会李家12式刀法

 瘦身小故事：苹果引发的思考

在这个世界上，一个人如果还不知道苹果公司的话，那他一定是落伍了。在这个世界上，如果还有什么东西能够遭人抢购的话，那一定是苹果公司的产品了。然而，你却不知道，如今意气风发的苹果公司，还有段不堪回首的往事。

20世纪90年代中期，苹果公司陷入了危难，仅1996年，销售收入就下降17亿美元，而库存成品的价值高达7亿美元。一些行业分析家甚至认为，苹果公司是即将被行业竞争所淘汰的公司之一。

苹果公司在设计与制造上优势突出，是什么让它如此落魄呢？巨大的产品存货！1996年，苹果公司的年库存周转率还不到13次，而同年竞争对手戴尔的年库存周转率高达41次。

1997年，创始人乔布斯再次接管苹果公司。乔布斯上任的第一件事是什么？砍库存，进行供应链的革命！

他大刀阔斧，对苹果公司"大开杀戒"，把原先15种以上的产品样式，砍到只剩4种。这样一来，大大减少了产品生产的零部件备用数量及半成品的数量。

在销售方面，对客户进行直销，模仿戴尔公司的销售策略，实施了互联网销售战略，开始在公司的专卖店直接接受客户的订单，并为他们进行产品的配置，降低产品仓储及运输的成本，掀起了从生产到客户直接交货的革命。

将原本庞大的供应商，减少为一个较小的核心群体。经常向这

些零部件供应商传递市场预测信息,并且要求它们及时地从最近的配送中心向生产线供货。

将公司非核心业务外包。苹果公司过去一直生产PC机的主板。在1998年调查中发现,一些生产厂家的主板已经好于苹果公司自己生产的主板。于是,公司当年决定将这部分业务卖掉,将生产外包给供应商。

随着改革的深化,苹果公司的经营效益明显回升,到1998年9月苹果公司的库存已经比1996年下降82%。此后公司持续盈利,20年后的今天,苹果公司的市值已经达到9 370亿美元,成为全球最具创新能力的公司之一。

第二部分
削减成本只须学会李家12式刀法

2 要市场不要工厂

砍掉库存的最高境界是不要工厂。没有了工厂,自然你有可能连仓库都不需要了。那么,不要工厂,我们要什么?

有很多企业一说起自己的实力,就是产能有多大,员工有多少,厂区占地面积有多大,可是这些不是你值得骄傲的地方。

从目前的状况来看,从原材料生产,到产品加工,到整个销售,再到销售服务,在这一产业链当中,谁付出最多?谁挣钱最少?加工企业付出最多,挣钱最少!商贸企业和为销售做服务的企业,利润都要高于加工业。

明智的企业,不会被厂房和生产线捆住自己的手脚!它们把投资厂房、生产线的资金投向市场,建立品牌渠道,带来品牌的增值和市场的扩大。这可谓上兵乏谋,要打没有硝烟的战争、没有产品的战争。

耐克没有自己的工厂,所有的运动鞋、运动服,都由劳动力成本低的企业生产。一双鞋子的成本,也就百把元,但耐克的设计费、广告费、体育赞助费却多得惊人。这些投入虽然看不见摸不着,但是变成了品牌价值,鞋子卖七八百元也不乏青睐者。

今天制造产品的公司多得很,可是,客户却都被掌握在不制造产品的公司手中。大的知名公司通过自己的品牌、研发、服务、市场调研,把客户资源牢牢把持着。它们不生产,不用前店后厂、前厂后仓,把库存砍到零,把成本降到最低。

3 要么客户买单,要么你买单

如果你管理着一个生产型企业,你必须面对库存的烦扰,你该怎么办?送你 12 个字:"先客户,后产品;先感应,后回应。"

同时,要把库存和管理者的奖金挂钩,一定要挂钩!相关的人一个是营销副总、一个是生产副总、一个是库房管理员,库存和他们的奖金成反比。我们团队就是这样做的。结果怎么样?他们之间沟通非常密切,相互配合,相互协同,根本不需要我来操心!

营销和生产两个部门,每星期三早晨 8:10 一起开产品说明会。生产部门先介绍产品的特点、成本、销售对象、市场状况,以及竞争对手的产品。销售部门再针对产品发表意见,介绍客户反馈的信息、销售情况,以及经销商的状况。这样,生产部门的人可以改进、完善产品,满足客户需要;销售部门的人也能更多地了解产品,熟悉产品。

他们沟通的重要成果是生产部门只生产能销售得出去的产品!

21 世纪的经济被称为客户经济,客户等于利润。记住,你生产出的产品,要么到客户身边去,要么你自己留下来;要么客户买单,要么你自己买单。如果你想买单的不是自己,那就在能买单的人身上多打主意吧!

第二部分
削减成本只须学会李家12式刀法

4 告诉你一个最低的存货标准

有一个问题我们不能避免,就是我们在原材料采购方面的存货,不是产品的存货,怎样管理?产品的存货越低越好,只要能保证供应;而原材料的存货,就不是越低越好了。

你总要有一定的原材料在手边,才能去生产产品。要想做到既保证企业生产经营的正常进行,又尽可能少占用企业的资金,减少储存成本,你就要确定安全的存货量和最低存货量。确定这两个数字的计算公式很简单,就是:

安全存货量 =(预计每天最大耗用量 −
预计平均每天正常耗用量)× 预计订货提前期

订货提前期,即你需要提前多少天向供应商订货,它能保证按时送到货。

例如,有一个企业生产需要一种原材料,预计订货提前期是 10 天,平均每天消耗 16 千克,每天最多消耗 20 千克,那么

安全存货量 =(20−16)× 10=40(千克)

按照生产需要,企业的最低存货量应该是安全存货量加上订货提前期内正常的耗用量,即

最低存货量 =40+(16×10)=200(千克)

也就是说,企业的存货量最好是 200 千克刚刚出头,这时候你的成本是最低的,当你的存货低于 200 千克的时候,就应该立即订货了。否则,可能无米下锅了。

算出这个数字,并且严格执行!

第二部分
削减成本只须学会李家12式刀法

5 降低企业库存的细则

自20世纪70年代起,许多高科技公司的库存绩效飞速增长。看看它们是怎么做的。

1)原材料直接送到生产线。如果你的一些原材料是本地供应商所生产的,让它们根据生产的要求,在指定的时间直接送到生产线上。这样,因为不进入原材料库,所以保持了很低或接近于"零"的库存,省去大量的资金占用。

2)循环取货。对于供货量比较小而供应商较多的情况,将它们的运输加以整合。让你的运货车每天早晨从厂家出发,到第一个供应商那里装上准备好的原材料,然后到第二家、第三家……直到装上所有的材料。

3)聘请第三方物流。不同供应商的送货缺乏统一的标准化的管理,在信息交流、运输安全等方面,都会带来各种各样的问题。还是那句话,用专业的人做专业的事,聘请第三方物流。

4)与供应商时刻保持信息沟通。让供应商看到你的计划,根据你的计划安排自己的存货和生产计划。如果供应商在供应上出现问题,你要让它提前向你预警。

5)与供应商建立良好关系。确保优先送你的货,从而缩短等待时间。

6）让供应商共担风险。比如，卖不出去可以退货，为了换取长期采购或优先考虑的承诺，它们往往愿意商讨类似的提议。

7）订货时间和订货量尽量接近需求。提高需求预测的准确性，缩短订货与生产周期，减少供应的不稳定性，增加设备、人员的柔性。

8）采取互惠政策。与其他非本地区的竞争对手共享库存（遇到紧急情况时，可以把货卖给外地的同行，在成本价上稍微加一点价）。

9）转移库存。对于那种季节性特别是持续时间比较短暂的产品，在旺季来临时往往需要有大量的存货以应对骤增的销量，这就对库存产生极大的压力，同时占用大笔流动资金。有一个内衣企业的解决办法就是，要求各经销商在旺季来临前如果提前两个月提货付款，内衣价为出厂价的70%；如果提前一个月提货付款，则为出厂价的85%；如果到了旺季再提货，就必须按出厂价的全价付款。这种办法只要折扣损失低于库存成本和资金成本，就有利可图，而且还一同解决了应收账款的难题，加快了资金周转。

 瘦身小故事：雅芳小姐变形记

2003年，雅芳小姐的瘦身计划取得了巨大的成功。她把自己的"赘肉"——运营成本整整降低了30%！其中大部分是来自物流成本的降低。

1998年的时候，雅芳小姐还是个笨重的小肥婆。她的外地经销商依然遵循着老的提货方式——自提自运。有一个例子，一位住在新疆南部和田地区的雅芳经销商去位于乌鲁木齐的雅芳分公司取货，必须带着钱，坐整整一天的火车到喀什，然后再转坐12小时的汽车

第二部分
削减成本只须学会李家12式刀法

才能到达目的地。这样一来一回,要花差不多一个星期。经销商们的"痛苦"并不仅仅是资金成本,还有它们的时间和辛苦。它们一定会想方设法转嫁这些成本。这无疑把球踢给了雅芳。

更明显的"超重"来自雅芳自己的物流运作体系。雅芳通过长途运输,将货物从广州运到全国各分公司的仓库,然后由经销商到所属区域的各个分公司提货。在这种情况下,为了防止大面积缺货,分公司仓库的库存量不断增加,因此也就要求租用更大的仓库。这使得雅芳不得不投入大量的人力去从事仓储、出纳、打单等运营作业。

雅芳必须先解决经销商的问题。为此,雅芳开发了一套经销商关系管理(Distributor Relation Management,DRM)系统,并且拟订了一份集信息流、资金流、物流于一体的企业物流解决方案。雅芳把这套方案称为"直达配送"。雅芳给自己设定了3个目标:提升客户满意度,降低企业库存量,信息流和资金流的整合借助物流改革一步到位。其实就是实现企业组织与庞大的分销体系在线管理,通过DRM系统,经销商可以在网上查询产品信息、订购产品,并通过网上银行支付。

同时,雅芳取消了原来在各分公司设立的大大小小的仓库,改为8个区域服务中心。每个区域服务中心提供相邻省市的产品配送。从2002年3月起,雅芳开始和第三方物流商一起实验"直达配送"的业务模式。新的业务流程是:雅芳生产线上的货物直接从广州运输并存放到8个区域服务中心。各地经销商通过DRM系统直接向雅芳总部订购货物,然后由总部将这些订货信息传到区域服务中心。各中心根据经销商所订货物,进行包装、分拣、验货,在规定的时

间内送到经销商手中。那位住在新疆南部和田地区的雅芳经销商，如今进货时再也不需要长途跋涉、肩扛手提了，只需要上网下订单，通过网上银行支付货款，就可以等着第三方物流公司在72小时内将货物送到店里，最后在网上签收就可以了。

雅芳小姐变得苗条可爱，更加受人青睐了。

本章思考

1. 你知道你有多少库存吗？对照书中的方法，检查一下你的库存是否超过了最低量？

2. 你计算过库存所消耗的成本吗？有哪些库存是可以立即采取措施砍掉的？

3. 你在生产之前进行过市场调查吗？你的产品为什么会有大量的库存？

4. 学完本章，你对库存管理和仓库管理有什么新的认识？

第二部分 削减成本只须学会李家12式刀法

第八式 砍劣质客户——见人下刀

客户是企业的衣食父母,是为我们买单的人,这连不管理企业的人都知道。但是,我劝你还是要毫不留情地举起你的刀来砍向他们。相信吧,客户不都是上帝,客户里也有魔鬼。不是所有的客户都能给你带来利润的,那些劣质客户在侵蚀你的利润。

1 无限地满足客户就会破产

每当看到有企业标榜"顾客就是上帝"的时候,我都会嗤之以鼻。面对竞争,企业有时候会言不由衷。标语还是换一下吧:"大顾客是上帝!"

如今,客户的要求越来越苛刻,口味越来越难以满足。客户无论大小,无论优劣,无论手里有没有现钞,无论信誉度如何,都会提出这样那样的要求,让你应接不暇,手忙脚乱,顾此失彼。

我还是提倡"见人下菜碟"。任何企业都不是为所有客户服务的,企业只是为一小部分客户——目标客户服务的,而目标客户可能只是人数非常少的那么一小群人!

如果你无限地满足客户,你就会破产!什么叫无限?就是你没有服务标准,客户对你提出无限要求以后,你仍无限地说:"客户是利润,客户是衣食父母,客户永远都是对的。"

不能这样,你不能没有标准。提供物超所值的服务,要建立在有标准的基础上。先下手为强,在客户对你提要求之前,你先给客户设标准!

你应该对你的企业、对你现有的客户进行财务核算,最好每周一次,在客户签单之前就应该核算,了解这个客户给公司创造了什么样的价值。

第二部分
削减成本只须学会李家12式刀法

客户可分为大鲸鱼客户、海豚客户、鲨鱼客户和小鱼客户4个类别,如表2-4所示。

表2-4 客户分类表

分 类	价 值	数 量	名 称
A类	高	大	大鲸鱼客户
B类	中	中	海豚客户
C类	低	大	鲨鱼客户
D类	低	小	小鱼客户

将客户分成4类后,就可以"见人下菜碟"了。对大鲸鱼客户,总经理亲自服务!对海豚客户,副总经理出面服务……在服务客户的时候,也对服务分级,分VIP和普通级,就是这么现实。

其实,很多企业的不少客户都是负值客户,他们的要求甚至更多,你为他们提供服务以后,你是亏损的。所以,很多企业亏损的原因,往往是它们没有大客户,没有建立大客户的管理模式和流程,对客户的服务标准是完全一致的。这样一来,它们根本不知道谁是创造价值的,谁是造成亏损的。

2 劣质客户要坚决封杀

劣质客户不是品行低劣的客户,而是不能给你带来利润的客户。你辛苦服务之后,发现自己倒贴进去很多时间和金钱!所以,每次在签订合同之前,不管大小,都要先进行财务核算,确定盈利点。

我们公司毛利润的比例如果低于20%,就不能做了。

还有一种客户是没有诚信度的客户。只要发现对方没有诚信度,就立即停止合作。不管对方向你许多大的愿、画多大的饼,坚决不能做。

瘦身早知道　盈亏平衡点

企业的盈亏平衡点指企业的营业收入能够弥补固定费用的那个点。

如果企业的固定费用如下所示(单位为元)。

租金	10 000
工资	10 000
办公用品费	500
公共设施费	500
固定费用总额	21 000

第二部分
削减成本只须学会李家12式刀法

如果毛利率为20%,那么,盈亏平衡点的销售额为21 000/0.2=10 5000(元),即要取得105 000元的收入才能保证企业不亏损。

3 应收款不小心就成了"阴收款"

有些客户认为欠款是天经地义的,他们理所当然地认为,迟一段时间付款,没有什么大不了的。有的企业家竟然也这么认为,这很危险。

我很嫉恨这些应收款,嫉应收款如仇!我无法改变客户的这种观念,只能在我的公司建立制度,对客户进行选择。企业和客户从来都是双向选择的,不要被客户牵着鼻子走!应收款,你一不小心,就成了"阴收款"!你一辈子收不到,到了阴间里,也不一定能收到!

也许,你对应收款没有像我那样视为洪水猛兽,你会不以为然,想当然地认为,只要能收回来就没有关系。

你不清楚,企业持有应收款,成本无形中大大增加了。

首先是管理成本。从应收款发生到收回的过程中,制定信用政策,需要花费人力财力;对客户进行信用调查、信息收集,需要花费人力财力;对应收款进行记录、监管、收取和催收,也要发生费用。当应收款的数额加大,你的管理成本

第二部分
削减成本只须学会李家12式刀法

会跳跃式地增长。

其次是机会成本。企业一旦发生应收款，就意味着有一笔资金被其他企业无偿占用了，你就不能再用这笔钱去创造其他收益。换种说法，你即使不用这笔钱派大用场，哪怕去投资有价债券，你也能保证有一定的收益。可现在钱在别人手里，收益白白损失了。

还有就是我上面提到的坏账损失，如果成了"阴收款"，你哭爹喊娘也来不及了。

砍掉成本
企业家的12把财务砍刀

4 对客户授信要苛刻

企业财务运作,任何一个环节都要靠制度!财务问题没有小事!你不可能对客户一律要求一手交钱一手交货,也不可能谁赊账、赊多少都接受,要让制度决定一切!

企业允许客户赊账的原因有很多。有时候是一些销售经理急于把企业的商品卖出去,尽快启动市场;有时候是销售人员迫于销售任务的压力,冒风险豁出去了;有时候是销售人员心太软,经不起客户软磨硬泡。

你的公司不能再这样做了!没有制度、没有原则,侥幸了一时,迟早要摔跤!在应收账上,你有必要采取措施。

要对客户进行诚信分类,确定授信额度。

以我们公司为例。我们的大鲸鱼客户是每年有 500 万元以上的合作项目、3 年以上的合作时间。这样的客户给他们授信 30 天,授信金额为 100 万元,或者是合同额的 50%。就是说 50% 的金额可以延迟 30 天支付。但是到了 30 天以后,就不属于授信阶段,授信金额只在 30 天以内有效。

海豚客户是有增长潜力的客户,也是长期合作的客户,和我们的合作金额在 200 万元以上,授信期也是 30 天,但其授信金额可能

第二部分
削减成本只须学会李家12式刀法

降低。

鲨鱼客户，除了特别情况，基本上不会授信。

小鱼客户肯定不能授信。除了已授信的客户，其他客户都必须先付款，再提供服务，一定要这样做！宁可生意不做，没有例外！

如果下次你的客户再对你死缠烂打，你就无奈地摇摇头说："虽然我很同情你，但是没办法，你不够授信的资格。这是公司的规定，没有任何例外。制度说了算，不是我说了算。"

❗瘦身早知道　评价客户资信程度的"5C"评价法

1）信用品质（Character）：客户会不会赖账，这个是一切交易的前提。

2）偿付能力（Capacity）：客户偿付能力有多高，取决于客户流动资产的数量和质量。流动资产越多、变现能力越大，偿债能力就越强。

3）资本（Capital）：客户的经济实力与财务状况怎么样。资本是客户偿付债务的最终保证。

4）抵押品（Collateral）：客户有没有资产可作为信用担保的抵押。

5）经济状况（Conditions）：不利的经济环境对客户偿付能力的影响有多大。

砍掉成本
企业家的12把财务砍刀

> **瘦身早知道** 了解客户信用的3把尺
>
> 1）财务报表：让你的客户提供最新财务报表的复印件。
>
> 2）其他供应商提供的赊销记录：向这个客户的其他供应商摸底，了解这个客户的情况。
>
> 3）信用评级机构：有许多机构能够为你提供某个企业的信用状况的报告。

第二部分
削减成本只须学会李家12式刀法

5 对欠款客户要毫不留情

对授信的客户，到期了不还款怎么办？你还是要有制度去规范他们、约束他们、震慑他们！"阴收款"比失掉一个客户更可怕！不要担心这样会使你的客户认为你不近人情。如果不这样，客户反而会认为你的企业管理太混乱了，不敢和你合作。

随时了解哪些客户还没有还款是个前提条件。你要先建立一个应收账款账龄表（见表2-5），列明哪些客户有欠款、数额多少、账龄多长。

表2-5 应收账款账龄表示例

×××公司
应收账款账龄表
2018年9月10日
单位：万元

序号	客户名称	合计	信用期用	超过信用期			坏账准备	应收账款净额
				1年以内	1～2年	2年以上		
1	ABC公司	10	5	2	2	1	0.5	9.5
前十大客户小计								
合计		10	5	2	2	1	0.5	9.5

砍掉成本
企业家的12把财务砍刀

对于项目的一些尾款,我们公司有应收款管理制度。设定管理期限!第一个阶段是 30 天,第二个阶段是 60 天,第三个阶段是 90 天。一旦到了设定的时间节点还未收到账款,预警就来了。

30 天以后收不到:

- 由公司发出第一次书面催款通知单。
- 这个项目由经理跟进。
- 财务部有专人负责应收款。

这个时候关键是督促客户找出一个解决方案,让客户做出承诺。

到了 60 天还没有收到:

- 扣减这个客户的经办人在这个业务上所得奖金的 30%!
- 这个员工从当天开始在公司里的所有奖金暂停发放。
- 财务的专业收款人——财务专管员和他组成一个团队,他们俩再和客户沟通,发催款书,和客户商量一个解决方案,或者停止供货,或者采取措施。

到了 60～90 天仍没有收到:

- 律师介入,发出律师函。律师介入的目的是,决定是否马上起诉,同时警醒对方,和他们之间的交易要靠法律来解决了。
- 继续扣除经办人在这个业务上奖金的 30%,也就是说经办人的奖金只剩 40% 了,他在其他客户业务所得的奖金也都被停发!这 60% 奖金划拨给财务专管员,因为财务专管员已经开始在这个业务上起主要作用了。
- 副总介入,部门经理也统统出马。

第二部分
削减成本只须学会李家12式刀法

假如确实要不回钱了,可怜的经办人就必须把过去在这个客户身上的业务的所有提成退回来,才会解冻他的奖金。

90天以后:

- 开始进入法律诉讼程序。
- 即使通过法律诉讼,把钱都收回来了,经办人的奖金还是没有了。

对待应收款,就是要这样,不拖延一天,不给客户机会,按程序办事,没有通融的可能。否则,拖延下去只有对你不利!

一个不能按时付款的客户,你要砍,必须砍掉!有的人对我说:"李总,有些客户今天没有钱,不等于明天没有钱。万一明天有钱了怎么办?"明天有钱,明天再说!他今天没有钱,就绝对不要做美梦!我们就是这么现实!

在收款的问题上,给大家一个黄金法则:越快越好。哪怕拖延一天时间,情况都会发生变化。

6 促使欠款的客户迅速付款

你在生意场中,如果只知道催要,那么你还只是个半吊子商人。你要学会识别欠款人的借口,在催款之前,预先做好对付各种借口的准备。美国企业家 C.S.Frischer 总结了 10 条欠款人常用的借口和应对方法,很值得借鉴。

"由于计算机故障,我们无法立即汇款。"

当欠款人说他们的计算机坏了时,就应当能够准确地问出何时将有人来修理。计算机修好后,立即打电话去催款,不要让这个期限超过两天。

"我从未见过这项产品(或服务)的账单。"

幸好有现代技术的帮助,只需要发个邮件或者微信,你就能把发票扫描件提供给欠款的客户了。

"我们只能根据发票的原件付款,扫描件不行。"

在 95% 的场合,你都可以认为这是个借口。因为这个说法在法庭上是站不住脚的。如果对方真的找不到或弄丢了,你可以给欠款公司寄去发票底联的复印件,并加盖公章,还需要向对方说明,一旦收到复印件,应立即付款。

"我们遇到了严重的现金周转问题。"

你必须找出该公司出现现金周转问题的确切原因。这类公司可

第二部分
削减成本只须学会李家12式刀法

能没有足够的资金付清欠你的全部款项,但肯定能偿还部分欠款。你可以制订一个还款计划,同对方约定何时能够付清余额。

"我们一个月后将收到一张大额汇票,届时就可以偿付你的全部款项。"

不要相信这个借口。这些欠款人要求你耐心等待一个月,如果你同意了,只不过是多给他们一个月时间编造另一个借口。

"我们对发票有争议。"

没有哪家公司从不出错,然而,如果你只是在打电话催款的时候收到了这种抱怨,欠款人很可能是利用发票来拖延时间。这种说法站不住脚。

"我们对这项产品(服务)有争议。"

你可以向客户提问他抱怨的是什么,他从什么时候开始对产品或服务不满,是否向你的哪位同事表示过。如果他记不清楚,就进一步询问细节,你应当据理力争,收回欠款。

"我们在等候批准。"

弄清楚需要谁批准这份账单,为什么仍未批准,什么时候能够批准。告诉他过了期限所要承担的后果。

"我们公司在90天之内付清。"

这个借口通常出自大公司。这些公司一般都是能够付款的好客户,只不过要按照它们的时间表。打电话给对方的当事人,说明你的苦衷,他们也不会一成不变。

"在付款之前,我们需要付运证明。"

有不少公司要求必须在收到货物的付运证明才能付清款项。如

果这是对方公司的政策,你有责任为对方寄去付运证明。把你的付运证明全部准备成一式三份,在货物运出时三份全都签上字。一份付运证明给客户(用于提货),另一份你自己保存(用于留底),第三份附在发票中寄给客户(用于尽快付款)。

第二部分
削减成本只须学会李家12式刀法

7 对小客户只能说"对不起"了

对客户不势利,你就要失利!因为20%的客户决定了80%的绩效,80%的价值是由20%的客户创造的,其余80%的客户只创造了20%的价值。

你的客户不可能是相同的。这个时候你必须筛选,无情地筛选。你一定要知道,无论是大客户还是小客户,你在服务上基本上都是相同的。花同样的时间、精力,对于大客户,你可能在他身上赚100万元;对小客户,你得到的可能只有1万元。

一个企业永远都有三大稀缺资源:第一,人才;第二,时间;第三,钱。即使比尔·盖茨也没有无限的人、时间和金钱。你的人和时间花到这里,就顾不上那里;把钱投在这个地方,就不能用在别的地方。既然是稀缺的,你必须用有限的资源创造最大的价值。最大的价值就在大客户身上!舍掉小客户,你会得到更多。

和大家分享一个我的故事。我1992年创业,一年的时间里把风驰培育成云南省最大的广告公司。又通过两年的努力,风驰成了西部12个省最大的广告公司。到了1995年,公司的产值接近8 000万元。然而,在1996年、1997年,产值就上不去了,我们遇到了瓶颈!很多人找出很多理由:地处边疆,经济落后,信息闭塞……但我觉得,一定有好的方法能够突破,一切都有可能。

1997年年底,我们下定决心,采取大客户战略。我们把客户分类,把亏损客户、非核心产品客户、小客户砍掉,聚焦在最核心的业务、最核心的客户上。我们聚焦在红塔集团,专门针对它建立大客户服务中心,把公司的主要人力、物力都聚集在它身上,然后建立大客户流程、大客户服务标准、大客户服务管理制度。同时针对电信、通信、房地产提供大客户服务。这样一来,1998年我们业绩从 8 000 万元增长到 1 亿元,1999 年到了 1.2 亿元,2001 年到了 1.4 亿元!

第二部分
削减成本只须学会李家12式刀法

8 新客户的成本是老客户的 5 倍!

在拓展大客户、新客户的同时,不要忘记留住老客户。许多企业的调查资料表明,吸引新客户的成本是保持老客户成本的 5 倍以上!假如你在一个月内流失了 100 个老客户,同时又获得了 100 个新客户,虽然可能在销售额上的差距不大,但实际情况是,你花费了数倍的费用却可能要亏损!

面对新客户,你要一遍又一遍不厌其烦地向他们介绍你的产品、你的公司、你的服务,你要接受他们的质疑,你要三番五次地和他们讨价还价,讨论怎么付款、怎么交货、怎么运输,甚至他们还要求试用你的产品。

而老客户重复购买,已经形成惯例,大大缩短了交易周期。老客户由于和你的公司长时间接触,他们也会主动向你提出产品或服务的合理化建议,有利于改进你公司的经营,而且别忘了,老客户还会把你的产品介绍给他们的亲朋好友。

9 服务决定成败

客户服务是说滥了的话题。在这里，我只强调一点，你公司服务的侧重点可以按大客户、小客户分类有所不同，但服务质量对任何客户都是平等的。只要接了单，就要提供最优质的服务。你可以不接受小客户，但绝不能给他们提供劣质的服务。服务决定成败！

行动教育有12条服务客户的黄金法则，与大家共享。

1）相信世上没有做不到的事情。

2）一定要热爱自己的企业和事业。

3）投入热情，永不懈怠。

4）要有归零的心态。成绩只属于过去。

5）设定明确的目标。

6）微笑，倾听，有信心。

7）知识结构决定人脉。

8）成为有责任者。

9）每一份额外的努力都有倍增的回报。

10）让客户随时随地都能找到你。

11）客户是被要求出来的。

12）建立所有的客户档案。

第二部分
削减成本只须学会李家12式刀法

本章思考

1. 你是采取何种标准和细则评估你的客户的?你是否采取了系统方法来区分和管理你的客户?

2. 你是否给予大客户更多、更优质的服务?你如何管理你的大客户?

3. 你的企业有多少应收款?又有多少最后变成了"阴收款"?你计算过收款的成本和代价吗?

4. 学完本章,对你管理客户有什么启发?哪些劣质客户是应该立即砍掉的?

第九式 砍日常开支——刀下在每一个细节

在别人身上要省成本，在自己人身上也要省成本，而且效果来得更快、更直接！为了成本、为了利润，自己人也要六亲不认。有人说，管理是一场控制游戏。不错，既是人与人之间的控制游戏，也是人与成本之间的控制游戏。如果你既控制了外部成本，又控制了内部成本，至少说明你不是一个失败的管理者。

第二部分
削减成本只须学会李家12式刀法

1 浪费无处不在

在位于纽约的一幢摩天大楼里,一家金融服务公司发现,公司里的员工每个月要花几千美元用联邦快递把成包的文件送到同一栋楼的同事手中。当你问他为什么时,他回答说:"必须使用联邦快递把一些东西从32楼送到13楼,因为这样节省时间,又准确。"

你走进任何一家公司都会发现,这样的浪费比比皆是。办公室空无一人的时候,空调和电灯全开着;员工下班回家,计算机整个晚上都不关;计算机稍微有点小问题,就请维修公司的人过来,修理费记在公司的账上;打印机打出来不用的纸张被扔在打印机旁,甚至有人用公司打印机一本本打印小说;卫生间的水龙头总流着水;下班了用公司的电话煲电话粥……

不要小看这些浪费。如果你把这些都杜绝了、都砍掉了,是笔不小的利润!但是,别指望你的员工会主动帮你节约,因为这和他们自己的利益无关。你也没有精力去检查每一个角落,指出每个人的每个不必要的浪费,甚至,有些人根本都没意识到自己的行为是在浪费!

所以,你都要制定详细的规章,用制度管理,而不是用人管理。把它贴在最醒目的地方,让人们严格遵守。

2 电话管理细则

1）电话机不需要太多的功能,只要能打出去接进来、耐用就可以了。

2）根据工作职责,确定话费报销标准。例如,经理 300 元,副总经理 500 元,总经理 800 元。

3）把电话费用计入成本中进行核算。

4）培训员工怎样打电话,怎样快速表达,怎样言简意赅。

5）必要的时候,打电话前先填写 5W2H 表格,整理好后再打电话。

When	何时	Where	场所
Who	谁	How	方法
What	何事	How Much	数量、金额
Why	理由		

6）打过去电话如果对方正在与别人谈话或接别人的电话,就改时间再打,或要求对方打过来,不要一直举着电话等待。

第二部分
削减成本只须学会李家12式刀法

3 公车管理细则

1）把每辆汽车 100 公里的耗油经过统计，确定出一个数字来，每个月盘点。如果超标，驾驶员承担 50% 的油费；如果少于标准，则将节约下来的油费奖励他 50%。

2）指定维修厂家，所有维修更换的配件全部交还公司。

3）任何人使用公车，所有的汽车费用都要计算，打到每个对应客户的项目成本里。

4）鼓励员工宁愿乘出租车也不要乘公司的车。

5）出租车费 24 小时内必须报销。必须由经理签字，确认你今天的出行。

6）停车费、过路费的报销单由乘车人签字，写明时间，证明这个车是他在使用。

4 办公设备管理细则

1）标出办公用品的价格。把信纸1张多少钱,信封大的多少钱、小的多少钱,曲别针1枚多少钱等,全部标示出来。让每个人有价格概念是节省费用的第一步。

2）员工小的办公用品全部自己承担。

3）所有的纸张要求正反两面使用。

4）不准员工使用公司的一次性纸杯,纸杯是给客户的。

5）耗材超标,经理承担费用的50%。

6）削减所有的办公家具购买。

7）复印机、打印机要尽量少,昂贵的维护费用比多走两步路的花费要大得多。

8）严格控制打印、复印纸的消耗,一旦发现浪费立即处罚。

第二部分
削减成本只须学会李家12式刀法

5 办公费用的其他管理细则

1)总、分公司之间,以及公司内部员工之间尽量使用网络等低成本的沟通方式,避免邮寄不必要的文件等。

2)尽量使用自然光线,不要养成白天开灯的习惯。

3)空调每年清洗一次。一年都不清洗,据说会减少20%的热效率。空调温度不要调得过低。

4)多利用楼梯。为了节省电费,上下两层楼提倡不要使用电梯。

5)复印纸尽可能双面使用,这样做会降低纸张的费用,且在邮寄时快递费用会降低。将这些复印件归档时,档案储存空间也会减少。

6)下班最后走的人检查所有的用电设备是否关闭,包括电灯、计算机、空调、复印机、打印机等。

瘦身小故事:"小气"的美航

美国航空公司总是想尽一切办法降低成本,节约一切可以节约的费用,这已经成了它的一种习惯。

在美航的飞机上,除了代表美航标志的红、白、蓝条纹外,一概不涂其他油漆,这不仅降低了油漆的消耗,而且还因为不涂油漆,飞机大约轻了180千克,每架飞机每年可以节省大约1.2万美元的燃油费。

砍掉成本
企业家的12把财务砍刀

有一次，美航老板柯南道尔在美航班机上用餐，他发现每份餐食的量很大，于是把没吃完的生菜倒入一个塑料袋，交给负责机上餐食的主管，下令"缩减晚餐沙拉的分量"。之后，他还觉得不过瘾，又下令砍掉给旅客沙拉中的黑橄榄。如此一来，既减少了浪费，又使美航每年节约了7万美元的开支。

第二部分
削减成本只须学会李家12式刀法

6 所有开支按人记账

在制度管理上，我们公司有一个绝招，就是每笔费用按成本进入账目，所有的开支按人记账，你花费了多少成本，每分钱都别想漏掉！你的开销和个人收入息息相关，你是在花自己的钱！包括总经理。

每次我有费用开支，下属会很详细地问我："李总，您今天请客，请谁的客？""我请联通。""那么联通这个客户是谁的？是谁服务这个客户？""是客户一部张总服务的客户。"这笔钱就要张总认可，费用划到了张总那里。

假如我今天要了公司的车，他们也会问我："李总，你为什么要这部车？""我去陪客户。""陪哪个客户？""陪××老总。""谁的客户？""何经理的"。马上，这个费用就划到了何经理那里。

经过财务人员的认真梳理，我们公司对成本的控制达到了每分钱都清清楚楚的地步，人工成本、房租成本、折旧成本、办公成本、采购成本，所有产生支出的项都被财务人员整理好，只要我想了解某个员工一年来用了多少纸、花了多少出租车费用、请客吃饭花销多少，5分钟内财务人员就能送来资料！

所以，在办公室发生的每分钱，都跟着人、跟着部门、跟着客户、跟着业务、跟着单过去。每分钱追根究底，没有一点含糊，因而没人会去故意乱花一分钱。

砍掉成本
企业家的12把财务砍刀

7 吃鲍鱼的账记在员工的头上

在费用控制问题上,你就要蛮不讲理!这样才更有效!在我们公司,所有必要的公务应酬必须进入合同,而且要求先签合同后应酬。可能你会说,没这个道理!客户还没签单之前,我就需要应酬,不应酬哪来的合同?

你要应酬怎么办?自己垫款。如果你说的理由很有道理,一定要花钱应酬,而且这笔款你非要公司出,那么公司首先要把这笔款挂在你的账上,作为你的一个借款。你借钱要经过经理认可,经理同意,你去请这个客户。

原则上要求,员工请客,一般由经理陪同;经理请客,副总陪同;副总请客,总经理陪同。一定要经上级审批,或者有领导参与。

你以借款名义把请客户的钱拿出去之后,公司开始跟踪你的这项业务。一旦你的业务签单了,这笔账就销掉了。如果你的这项业务一直都不签单,这项不签单的业务,不可能无限制地花钱。虽然是借款,也不能超过你当月的总收入。就是说,假如你当月总收入是 4 000 元,那么你的借款不能超过 4 000 元。

你还要在接待标准上遵守公司的规定。比方说,一个普通员工,人均消费 40 元;经理人均 150 元;副总人均消费 500 元。

第二部分
削减成本只须学会李家12式刀法

在我们公司街对面有一个水煎包店,我们接待客户的时候,就号称这是上海第一煎包,我们就到那里去吃,40元管饱。如果对方出席的是总经理,而且是一个大公司的,是员工自己联系的,这个接待由我公司总经理出席,但是,账还是要记在该员工的头上!吃鲍鱼海鲜也是一样!

在应酬方面,还少不了以下两个原则:第一个原则,请客的人要独当一面,参加的内部员工数绝对不能超过客户的人数。10个人吃饭,不能9个是自己的员工;最好反过来,9个是客户,一个是员工。第二个原则,只要有更高的公司领导人,其他领导人一律不参加。总经理去了,副总、经理就不要再去了。

节省成本、争取最大利润,都要体现在一些细节上!在公司的附近,你可以指定接待的餐厅,这样公司可以和这个餐厅谈一个比较大的折扣。

在有些公司里,员工打着服务客户的名义,花了很多成本出去。公司很为难:不给钱,怕客户流失;给了钱,客户怎么保障?如果有这些制度,你根本不用怕!对等接待、指标限定、借款服务、绩效挂钩、建立标准,每个项目都有底限,用底限做保障。

如果这个客户没有了,那是员工自己赔了,和公司无关。

8 差旅费里时间是最大的成本

成本不只是哗哗溜走的钞票，也是嗖嗖而去的时间。时间这样无形地浪费，是更凶狠的魔鬼！差旅费里最大的成本是什么？时间成本。一出差，比如到北京，食宿交通不说，至少要两天的时间。

每次出差的时候，要问自己4个问题：第一，出差想得到什么结果？你可能说，拜访客户，签这个客户的单。那么，第二，如果不出差，会给公司造成什么结果？这个客户值不值得出差？如果不要这个客户，公司会受到什么损失？你说，这个客户是个大客户，丢失的话会给公司造成很大的损失。第三，如果要出差，能不能少花钱？或者不花钱是否能够达到目的。也就是说，你能不能通过电话，委托北京的子公司办理，不必专门飞一趟过去。假如一定要去，该问第四个问题，你去以后是不是绝对可以得到这个结果？是的。那好，假如说没有得到想要的结果怎么办呢？当然就成为一个教训。

不是每个员工都有时间观念的。你要让专人负责，帮助他做好最佳规划、最佳时间安排，确定他有一个清晰的外出计划表。同时，差旅费也是有标准的，按出差地及出差人的级别设定不同的费用标准。

第二部分
削减成本只须学会李家12式刀法

9 要管家婆不要败家子

节省成本不能靠你一个人的智慧,要让所有的管家婆帮你出点子。让你公司里的所有人都成为管家婆。

沃尔玛的创始人是山姆·沃尔顿(Walton),为什么沃尔玛不按美国以人名为企业命名的惯例,命名为WaltonMart,而是Wal-Mart呢? Wal-Mart比WaltonMart少了两个半字母,在做霓虹灯和店名招牌时可节省成本。别小看就几个字母,这可是比不菲的开支。

无独有偶,美国的另一个企业狮王食品公司(Food Lion)的名字,也体现了节约成本的思路。该公司原来叫都市食品公司(Food Town),因为被另一家公司指控侵权并败诉,只好改名。一个雇员提出了省钱的方案:把T换成L,把w换成I,然后把i和o位置调换,名称就改过来了,正好与比利时的母公司名一样。这个建议使狮王食品公司下属的300家商店,仅在更换招牌上就节省了10万美元!

如果我是狮王的决策者,我要把这10万美元,拿出至少一半奖励这个雇员!销售冠军是你公司的楷模和佼佼者,节约冠军也是你公司的楷模!你团队里面的任何人,都应该像个管家婆,在每个细节上绞尽脑汁,不让成本白白流走。

10 别让员工和成本魔鬼结盟

缩减费用,特别是对支出和生产效率的严格考核,容易招致员工的反感,觉得损害了他们的既得利益。他们会认为,刀是砍在他们的身上,从而增加了管理的难度。

任何一个管理者,都不可能控制每个时间、每个地方的成本节约,你不能像管小孩子一样,不给他钱花他就没办法乱花钱,不让他乱跑他就乖乖在家里待着。如果你不能引导员工自觉地与成本魔鬼战斗,他们就可能不知不觉地与成本魔鬼结盟。

很多优秀的企业,都有对降低成本提出合理化建议的员工进行奖励的机制。

当员工在为降低成本付出劳动、脑力或牺牲方便时,给予有突出贡献者奖励,能极大地调动员工参与的积极性,创造厉行节约的整体氛围。

第二部分
削减成本只须学会李家12式刀法

📖 本章思考

1. 对照本章内容,制作一个列表,看看你的企业存在哪些浪费的现象?

2. 你是如何管理差旅费和招待费的?这里面是否有可以被立即砍掉的成本?

3. 你的公司是否实行了记账制度,是否每笔开支都具体落实到每个人头上?

4. 学完本章,你打算如何减少行政费用?如何调动全体员工共同减少成本?

第十式 砍会议——刀刀索命

最大的成本是时间成本，你不会不知道。千金散尽还复来，时间一去不复返！昨天付出的一切，你都无法挽回。砍掉不必要的时间浪费，索回的是自己宝贵的生命。所以，你要刀刀索命。

第二部分
削减成本只须学会李家12式刀法

1 把每一天都当成生命中的最后一天

老总们常常会觉得时间不够用,那么,让你的员工也有这样的感觉,不要让他们觉得上班时间很难熬,等待下班是很漫长痛苦的事情!告诉他们,今天,就是他们生命中的最后一天,珍惜这一天,把自己想做的事情全部做完!

所以,我们公司新员工上岗,第一堂课培养时间观念!要求他对每一分钟进行核算。假设这一天就是你生命中的最后一天,这一分钟,就是你生命中的最后一分钟,你没有时间了,你必须以最快的速度,完成你要完成的事情!

公司雇用员工,买的是员工的时间,早上 8:00 到晚上 5:00,除去午饭一小时,每天 480 分钟。在这 480 分钟中,怎样让员工产生最高的价值呢?

每个人的时间都是有价值的。一个年收入 5 万元的人,一年工作天数 261 天,每天工作 8 小时,按月薪 4 000 元算,他每天的价值是 191 元,每小时的价值 23.95 元,每分钟的价值是 0.4 元。算算看,你在厕所里面蹲着很长时间不起来,每分钟 0.4 元;侃大山、打电话、看报纸,也是每分钟 0.4 元。一个年收入 20 万元的人,平均月薪是 16 000 元,工作时间 261 天,工作 8 小时,每天的价值是多少? 766 元,每小时的价值是 95.75 元,每分钟的价值是 1.59 元。他打个盹儿、发个呆,浪费的都是公司的钱!浪费的都是老板你的钱!

2 会议是时间成本的大敌

最大的成本是时间成本，最浪费时间成本的要数开会。"会而不议，议而不行"是企业会议的通病。说的人信口开河、无的放矢，听的人昏昏欲睡。等到该说的都说完了，宣布散会，大家仍然一脸茫然，做鸟兽状散。

一个会议来10个人、50个人、上百人都不算多，浪费一分钟，100个人就是100分钟。所以会议是时间成本的大敌。

日本太阳公司为了提高开会效率，实行开会分析成本制度。每次开会时，总要把一个醒目的会议成本分配表贴在黑板上。

成本的算法见以下公式。公式中平均工资之所以乘3，是因为劳动产值高于平均工资；乘2是因为参加会议要中断经常性工作，损失要以2倍来计算。因此，参加会议的人越多，成本越高。有了成本分析，大家开会的态度就会慎重，会议效果十分明显。

会议成本＝每小时平均工资 ×3×2× 开会人数 × 会议时间（小时）

第二部分
削减成本只须学会李家12式刀法

3 把会议搞成限时演说

在会议之前,你要问自己4个问题:你想得到什么结果?不要这个结果会有什么损失?能够不开这个会用其他方法来替代吗?开了这个会是不是绝对能得到你想得到的结果呢?

同时,开会不是拿来泛泛讨论的,开会是要达成协议、达成共识的。如果是讨论会,只要相关的人参加就可以了;如果是精神传达会,那么直接传达精神,没有讨论的余地!没有必要人到场的,可以召开无会场会议,利用电视、电话、互联网、微信,随便哪种都能节省时间!

尽可能地让更少的人出席会议,不要让不相关的人在旁边陪绑。哪些人必须参加,这些人在会议中起到什么作用,要达成什么协议,事先就确定好。

我对团队的要求是,会上每个人发言都限时。我们的总经理会议、绩效评估会议,所有人都要发言,要求就是抓住重点,3分钟限时,而且事先写好书面稿,不准即兴口头发言,因为口头发言很容易没有条理,抓不到重点。

包括我们竞选,只有20分钟演讲时间。时间一到立即停止,像电视里的辩论赛一样严格。每次开会,我都要进行时间管理。会议

书记员就是时间管理员,时间管理员要保证会议准时开始、准时结束,保证会议限时发言,保证每个会议都有结果。高级主管应该有能力在 30 分钟内把会开完,并且解决问题。控制会议时间,是一个管理者必须具备的素质!

第二部分
削减成本只须学会李家12式刀法

4 不要用文件互相折磨

文山会海,是最折磨企业的恶习,千万不要乐此不疲!在企业所有的内部报告中,有75%是不必要的。一些报告既浪费了时间,又浪费了纸张。

我们的主管常会说:"你看,我要处理的文件堆得像山一样。"你这是自作自受!下面员工来反映情况,其实口头三言两语就能说清楚的,你还要求他:"小张,我现在没有时间,你回去写份东西拿给我吧!"这个员工回去以后,会利用工作时间写这份东西。写得少了,他觉得不好意思,就尽量把篇幅拉长。你看的时候,长篇大论,浪费时间,抓不住重点。

另一个问题是过分讲究形式。有一家公司搞出过数量惊人的策略报告,宗旨、行动、目标、准则、人员、资源、团队、标准化、程序,等等,再把这个"怪胎"用邮件群发给每个员工,或者每人打印一份,让大家组织学习。这些垃圾实际上说明不了任何问题,人们也搞不清楚这些报告有什么用,把所有的事情都量化、定位、寻根、分析、研究、探讨,为的仅仅是追求一种认真的态度?

大可不必!在你的组织中,应该采用最直接的、实在的方法,帮助人们快速做出反应,教会他们只讲想说的事,不要拐弯抹角,不要流于形式、咬文嚼字。

凡是能口头解决的,尽量口头解决;不能口头解决的,推行"一张纸"制度:凡是写给上级领导看的,只能是一张纸,上面直截了当写明题目、问题、方案、风险、结论。

在你的企业停止不必要的文件流动,确保员工把精力花在提高利润上,而不是互相打扰、互相折磨上!

第二部分
削减成本只须学会李家12式刀法

5 管理好你自己的时间

你的时间不够用,那就要自己学会管理时间,否则无论再增加多少人手,比如秘书、经理助理之类的,都起不到根本的作用!最后,人员增加之后,工作不但没有减少,反而更加忙碌,增加了不必要的人力成本。

美国有家著名的管理顾问机构曾经就这个问题做了一个调查。调查发现,企业经营者之所以感觉到时间不够用,除了开会,主要就是浪费太多时间在打电话和处理信件上。

第一个问题是打电话。一个经营者每天总要接到数十个电话。你无法预料到电话铃什么时候会响、什么人找你、有什么事情,许多工作常因接电话而被干扰中断。电话是时间成本的魔鬼。根据心理学家的研究,当我们正在专心做一件事情或思考某一个问题的时候,受到中断干扰之后,通常都要经过一段相当长的时间才能使精神或思绪再重新集中起来,你的效率因此而大打折扣。

在处理电话方面,建议你选择一个员工,兼职作为你的电话过滤员。信赖他的处理能力,授予更大的权力,在多数情况下,直接由他去处理,不必转接。如果非得由经营者亲自处理不可时,应简短扼要,不要在电话中扯与主题无关的事情,养成能在3分钟内把问题解决并挂掉电话的习惯。

砍掉成本
企业家的12把财务砍刀

处理邮件也是花大把时间的事情，因为写信不比说话，是要斟酌字句的。写一封普通邮件，至少消耗十几分钟。

能交给下级或秘书处理的邮件，就直接交给他们去处理，必须自己回复的，可口授给秘书，经记录整理后，再授权发出。写邮件时，应尽可能不拖泥带水。丘吉尔说过，不能在一张纸的范围内把想表达的意思完全表达出来的，就不能算精简扼要。这个标准，可以让经营者处理信件时参考。

> **瘦身早知道** 赢得时间的细则
>
> 1）把该做的事按重要性依次排列，前一天晚上就安排妥当。俗话说："凡事预则立，不预则废。"
>
> 2）每天早晨比规定时间早15分钟或半个小时开始工作，这样，你非但立下好榜样，而且有时间在全天工作正式开始前，好好计划一下。
>
> 3）开始做一件工作前，把所有需要的资料、报告放在桌上，这样就免得你为寻找材料而浪费时间。
>
> 4）购买各种工具书籍、手册放在办公室，尽可能吸收和储备知识，这样可增进你处事能力，减少时间的浪费。
>
> 5）把最困难的事搁在工作效率最高的时候做，例行公事，可以在精力较差的时候处理。
>
> 6）养成将构想、概念、灵感、承诺……存放在档案里的习惯，这样，虽事过境迁，仍存有记录，因为没有比忘记履行诺言更糟的事了。

第二部分
削减成本只须学会李家12式刀法

7）训练速读。想想看,如果你的阅读速度加快 2~3 倍,那么行事效率该有多高?这并不难做到,书店里有许多增进你这些能力的指导书。

8）利用空闲时间。它们应被用来处理例行工作。假如哪位访问者迟到了,也不要呆坐在那里等,可以顺手找些工作来做。

9）琐事缠身时,务必果断地摆脱它们,以便专心致志地处理较特殊或富有创造性的工作。

10）管制你的电话。电话虽然不可缺少,但如果完全被你太太或朋友占用了,那这工具岂非大材小用了?还有,在拿起电话前,先准备好可能要用的东西,如纸、笔、预定话题、资料等。

11）晚上看新闻。除了业务上的需要,尽可能在晚上看新闻,而将工作效率最高的白天用在看文件或思考业务发展上。

12）开会时间最好选择在午餐或下班以前,你会发现在这段时间,每个人都会很快地做出决定。

13）当你遇到一个健谈的人来访时,最好站着接待他。奇怪吗?这样他就会打开天窗说亮话,很快就道出来意了。

14）休息片刻,来杯咖啡、茶、冷饮,甚至只要在窗前伸个懒腰,就能使你精神抖擞了。

15）沉思。每天花片刻时间思索一下你的工作,可获得各种改进工作方法及满意的灵感,受益匪浅。

16）最后时限。给自己规定最后时限并实行自我约束、持之以恒,这样能帮助你克服优柔寡断、犹豫不决和拖延的弊病。

砍掉成本
企业家的12把财务砍刀

> 17)忽略。有些问题如果你置之不理，它们会消失。通过有选择地忽略那些可以自行解决的问题，大量的时间和精力就可以节约下来，用于更有价值的工作。
>
> 18)活动与效果。终日忙忙碌碌不一定是最佳的工作方式。重视做一件事情要达到的目标，关注效果。

本章思考

1. 统计一下，你的企业平均每天每人次有多少时间消耗在会议上？有多少会议是议而未决、没有产生任何成效的？

2. 在每次会议中，有哪些发言是毫无意义、让人昏昏欲睡的？

3. 是否可以通过更换主持人、提前准备等方式缩短会议时间？有些会议是否可以减少一些不必要的参会者？有些会议是否可以砍掉？

4. 学完本章，你对砍会议成本有什么见解？是否可以采取一些其他更高效的沟通方式替代部分会议？

第二部分
削减成本只须学会李家12式刀法

第十一式 砍面子——挥刀自宫

许多人非常重视面子。在商业交注过程中,"面子"意味着身份、地位、角色,喻示着个体社会性资源的多少。但是,面子不是靠奔驰宝马、穿金戴银挣得的,而要靠你的实力!一个企业家,不讲面子不现实,太讲面子更不现实。如果你已经在面子上花了很大的成本,你还是挥刀自宫吧!

砍掉成本
企业家的12把财务砍刀

1 大企业是怎样炼成的

这是一幅非常有意思的画面：

出租车拐进了一条窄巷子，然后停了下来，街口竖着的路牌上写着"洪湖二街"。下了车是一个下坡路，10米左右处并排立着两个牌子，一个牌子标示着沃尔玛公司中国总部，另一个上面写着停车收费的告示，两旁是陈旧杂乱的住宅楼。

电梯直接到4楼沃尔玛前台，右边的半层是洽谈室，外面是供应商等候区，很多供应商在忙着打电话或填写表格。往里面去则被分成面积相等的格子间，是沃尔玛公司的采购经理们接待供应商的地方，走廊内堆着供应商带来的各种商品。格子间的一面挡板上张贴着沃尔玛公司的十大原则，以及提醒员工不要收受贿赂的告示。沃尔玛有实权的采购经理们全部集中在5层办公，6层则是公司各种运营部门的所在地。楼道内、电梯中、员工格子间的外面挡板上到处张贴着沃尔玛各种各样的标语。5层、6层的装修也特别简单，粗粗细细的管道都露在外面。所有员工的办公桌都是最常见的那种廉价的计算机桌，老板也不例外。有的连桌子边上包的塑料条都掉了，露出了里面劣质的刨花板。

虽然你可能对沃尔玛的节俭有所耳闻，但是你所见到的绝对想象不到。

第二部分
削减成本只须学会李家12式刀法

已经 60 岁的沃尔玛亚洲区总裁钟浩威,每次出差只乘坐经济舱,并且购买打折的机票。他有一个习惯,喜欢在乘机时问邻座乘客的机票价格,如果发现比他购买的机票便宜,公司的相关人员就会因此受到质询。

沃尔玛的砍价杀手和供应商讨价还价,他们被认为是最精明、最难缠的一批家伙,但他们出差却只能住便宜的招待所。沃尔玛的一个经理去美国总部开会,被安排住在一所大学因暑期而空闲出来的学生宿舍里。

所有的人都盯着沃尔玛的庞大、沃尔玛的 IT、沃尔玛对供应商的强势,却少有人注意到,沃尔玛作为一个企业,和中国本土的企业有太多的共性——都是草根出身,都是白手起家,都是劳动密集型的,都没有高科技外衣,都追求低成本。在我们想象中,作为一个全球巨头的老总,应该八面威风、气势逼人;作为一个地区总部,应该敞亮堂皇,坐拥繁华。可是,现实的简单、朴素,丝毫不影响沃尔玛成为一个全球巨头和它在人们心中的地位,不由得令人更加敬佩。大企业就是这样炼成的!

砍掉成本
企业家的12把财务砍刀

2 合适的就是最好的

有一个人得到了一副名贵的吊袜带,突然觉得这么好的吊袜带和他的袜子实在不配,就去配好袜子;配好袜子的时候,禁不住诱惑,又买了好鞋子;配好以后,又感觉衣服太寒酸,就去配裤子;配好裤子,不得不再去买名牌上衣、领带、衬衣。结果,一身名牌,家里却一无所有,还欠了一屁股债,穿着好衣服也抬不起头来,不如以前自自在在的。

这就说明了一个最简单的道理:合适的就是最好的。企业也一样,你老总买了辆好车,就觉得没有司机不行;有了好车和司机,又发现出入一般的写字楼太掉价,搬进了甲级写字楼;想想自己的办公室也不能太寒酸,装潢、布置一切都要追求品位……长此以往,公司的利润被消耗一空,员工开始怨言纷纷:这些东西都是老板从我们身上剥削来的。供应商在夸奖你气派的同时,心里会说:"他的公司从我们这里压榨了这么多的利润。"

第二部分
削减成本只须学会李家12式刀法

3 华而不实是企业的悲剧

在商战中,悲剧不断上演。我见过很多企业家,因为种种原因而走向没落。我为他们扼腕叹息!但是,如果一个企业家因为华而不实、死要面子葬送了公司,则不值得同情!

再来说一个故事。有一头鹿到池塘边喝水,在水中发现了自己的影子,它特别欣赏那对美丽的角,却非常讨厌4条纤细的腿。突然,一头狮子扑过来咬鹿,鹿撒腿就跑,用最快的速度,一会儿就和狮子拉开了一段距离。在进入林中之后,它头上的角被树枝挂住了,狮子迅速赶过来咬住了鹿。鹿后悔地说:"我真是瞎了眼!小看了能救我脱险的腿,却去赞美让我送命的角!"

鹿的悲剧在于,它没有正确认识到什么是对自己真正有用的,沉迷于那些华而不实的东西。

一些公司老总很容易受到公关公司、装潢公司、汽车销售商的广告误导,那些公司的人会一本正经地对你说,你的外表就是你的公司最好不过的背书。如果你看起来不像一个大佬,你的公司看起来就不像一个大企业。不要困惑你为什么不能够出类拔萃,不要责备客户不信任你的产品。你的外表在告诉别人:"我的公司不寻求卓越,不追求品位。"

我会告诉他们，我的公司不买你们的东西，一样是一流的、卓越的公司。我们当然注重形象、注重外表，你看，我们对员工形象气质、打扮谈吐的要求很高，但是，他们在公司里可能几个人共用一个办公桌、一部电话。形象不需要用高消费来包装。

第二部分
削减成本只须学会李家12式刀法

4 奔驰和大办公室带不来利润

我出门的时候 90% 以上都打的，包括和企业家朋友聚会。他们开着奔驰过去，我自己家里只有一辆帕萨特。我从来不会计较这些东西，相反我看到很多人开着奔驰到处借钱。其实这些都是虚荣，虚荣增加了你的成本。

很多人在一些大的场合遇到我，都问我："李总，你打的来的？"我说："是啊，打的来的。"我理直气壮，因为我已经看得很透，有利润就有底气，一切都靠利润说话。

2003 年，我在云南风驰传媒公司做 CEO，这个公司是我一手创办的。我的办公室有 80 平方米，而且临街，玻璃幕墙，有水景，非常漂亮。后来，我到了 TOM 集团担任总裁，立即削减成本，财务砍刀 12 把，一把刀、一把刀地砍出去，首先就是砍办公面积。我们公司原来在北京的东方广场——中国最顶尖的办公场所，我们的副总和主要领导都在最好的办公室。我去了以后，马上以客户为导向，转移阵地到上海，我的办公室面积不超过 6 平方米。前一阵子我们行动教育集团总部虹桥花瓣楼装修的时候，我直接对装修公司说，我的办公室面积不要超过 30 平方米。我们的副总也只有五六平方米！一切都以实效为原则。

如果我的客户说："李总，你要是坐在一个很大的办公室里，我

砍掉成本
企业家的12把财务砍刀

就与你签单。"那我就到人民大会堂去租用办公室。大办公室、奔驰带不来利润。客户也知道,你的大办公室背后,肯定是我的利润!你的装修越豪华,客户就越会感觉你的利润高,赚了他很多钱。

 瘦身小故事:当心成为秃头

奥克斯空调公司有一套著名的"秃头"理论:少一根头发能成秃头吗?回答说"不能"。再少一根怎么样?还是不能。那么再少一根呢?这个问题一直重复问下去,到后来,只得回答"能"了。因此,奥克斯十分注重勤俭。

一次,在一个海外采购团对奥克斯进行考察时,阿根廷客商忽然被一名普通的流水线操作工吸引住了,因为那个人单腿跪在地上,用一把扫帚费力地在操作台下面扫着什么。钱币?戒指?

不一会儿,扫帚底下出现了两枚小小的螺丝钉,那位员工直起身把它们放入盛螺丝钉的小罐子里。这让阿根廷客商很意外!中午时,厂方为考察团准备了午餐,饭菜很简单,两荤一素外加一道汤。

3天后,奥克斯接到了阿根廷客商的确认电话,他已经决定和奥克斯签约了!阿根廷客商说,奥克斯的实力和产品优势,与其他几个中国顶尖的品牌相比并不突出,但一顿午餐、两枚螺丝钉却给我留下了极为深刻的印象!

第二部分
削减成本只须学会李家12式刀法

5 带最少的人出去

管理一个 10 000 人的企业老总,肯定比管理一个只有 20 人的企业老总有面子得多。同是老总,同是企业家,一个可指挥千军万马,一个近乎光杆司令。

有的企业家出去,喜欢带好几个人,副总、部门经理、秘书、司机,都要带着。可能你的公司总共人数不过 20 人,你一出动就占用了 40% 的人手。你要明白,你是去谈事情的,不是去打架的,人越多越好。

你要知道,即使你带了更多的人去,仍然无法掩饰你是一个手下只有 20 个员工的公司老总。有的老总带最少的人出去,他仍然是一个大企业的老总。你的面子不因为你带的人数多而增加。如果你管理着一个小公司,面对这样的情况,没什么可气馁的,你可以骄傲地说,虽然我们公司只有 20 人,但是,我们每个人的平均产出是其他公司的 5 倍!

我只要出去,都只带最少的人;只要我能够一个人把客户搞定,其他人就不用去了,让他们把时间花在其他创造价值的地方。

📗 本章思考

1. 统计一下,你本人及公司花在面子上的开销共有多少?
2. 哪些开销除了维持面子,带不来任何利润,需要立即砍掉?
3. 你公司的办公室面积是否合理?是否做到了每次外出都只带最少的人?
4. 学完本章,你对面子有什么新的想法?哪些面子成本是可以挥刀砍掉的?

第二部分
削减成本只须学会李家12式刀法

第十二式 还刀于鞘——心中有刀，手中无刀

李家的12式刀法，已经演练了11式了，而且介绍的都是分解动作。也许，在许多管理者看来，每一式都是寒风凛凛、杀气腾腾的。可是，注注高手的最后一式最难修炼，却又最为有效。这最后一式就是反其道而行之。前11式都是教你省钱，但最后一式教你如何投入成本。因为投入成本是为了节省更多的成本！这也是刀法修炼的最高境界——心中有刀，手中无刀。

在说第十二式刀法之前，我们先对前面11式进行一个总结。前11式刀法更多强调的是在管理上降低成本，是从节流的角度出发，

砍掉成本
企业家的12把财务砍刀

把在管理中过多的浪费、过多的成本花费一刀刀砍掉。比如，每周，你只要集中一天付款买东西，6天封刀；每个月，只要4天买东西，26天封刀；每年，有317天封刀，合同签订照常，业务继续发展，但是所有付款，都集中在一天，周四或周二，具体时间看你的情况而定。这样的好处是，第一，集中起来便于管理，能够马上看出事情的轻重缓急，哪些是成本支出，哪些是资本支出，还有没有必要在最后付款之前，再砍一刀。第二，集中付款以后，能够保证现金流的平稳，控制你的人力成本，不让财务人员天天花费时间到银行跑出跑进。

现在将传授的第十二式刀法，却反其道而行之，教你如何通过投入成本，达到节约成本的效果。还以沃尔玛为例。国内很多做零售的公司，都以沃尔玛为榜样，看到了沃尔玛的节俭精神，因此，在各方面的费用控制上也遵循沃尔玛的原则，在与供货商谈判时为了一分一厘的价格纠缠不休，甚至比沃尔玛还要节省、还会算账。为了降低人力成本，很多零售企业会在每年农民工返城的时候，利用人力资源丰富、价格低廉的时机，大批更换导购员、收银员和保安，可谓煞费心机。

可是，2017年《财富》杂志排名显示，沃尔玛仍以4 858.73亿美元年营收位居全球第一，为什么国内仍没有一家零售超市能够赶超沃尔玛或做到同等规模呢？沃尔玛还有哪些地方能省下更多的成本，为它创造出更多的利润？我们能不能模仿？

企业家对削减成本的追求，要永无止境，永不满足！因为，企业对利润的追求永无止境！在继续加强成本控制的同时，你还应该

第二部分
削减成本只须学会李家12式刀法

有更高层次的削减成本的追求！也许，前面的刀法在你使用时不需要太多成本花费，只要用心，就能取得效果，但后面我所说的，则需要一定的成本投入，要权衡投入与产出的大小。但是，一旦奏效，它产生的成本削减幅度要远远大于你的成本投入。

投入成本，是为了更多地节省成本！这也是刀法修炼的最高境界：心中有刀，手中无刀。

1 用成本领先战略打造你的核心竞争力

我们要将成本领先作为公司的发展战略，而且成为未来10年、20年、30年及长期的核心竞争力。有了这种战略定位后，公司所有的一切制度和措施都要围绕着成本领先这一核心。

从此以后，从董事会到经营层，从管理者到员工，都懂得了取舍，知道了什么事能做，什么事不能做。

比如可口可乐公司，至今已有100多年的历史。在这100多年中，曾面临着无数的利益诱惑甚至陷阱。有咨询公司建议，可口可乐完全可以把整个产业链打通，即从研发到原材料，从生产到设备、物流和服务，直至最终的销售都自己做，最终实现整个产业链利润通吃。

但是可口可乐公司没有这样做，大量工作依靠外包，目的是什么？就是为了成本领先。

战略就是我们的定海神针，它能免除诱惑和干扰，克制我们的欲望。

 瘦身小故事：抠门到极致的美国西南航空公司

美国西南航空公司是明确将成本领先作为战略实行的公司，这体现在公司运营和管理的每个方面。

第二部分
削减成本只须学会李家12式刀法

第一,在产品方面,它发现几大对手走的都是多元化路线,于是它就反其道而行之,选择节能降耗、稳定性强,而且载客人数和其他飞机相比也是最多的波音737。

第二,竞争对手的飞机大多数都是自己购买的,而它却选择租赁,从而减少了固定成本的投入。

第三,在客户方面,它聚焦于平时只坐得起长途汽车的客户,因为这类客户是对价格最敏感的群体。

第四,在流程方面,它采取了一系列降低成本的措施。比如,它选择的都是老机场,并且不开设商务舱和头等舱,不提供餐饮和行李托运服务,不允许票务代理公司从中渔利等。

第五,在员工的薪酬方面,它采用的是底薪加绩效的模式。当时,美国西南航空公司员工的底薪只有其他同行的一半,对手却很难挖走其员工。原因在于,其员工的薪水是与绩效挂钩的。依靠绩效收入,员工最终的收入比同行要高很多。

第六,在服务方面,它增强了客户的快乐体验。为了达到这一目的,它不仅在公司价值观层面强调客户体验和参与感的重要性,而且针对短途飞行的客户,在线路上专门做了调整,从而吸引了客户。

采取了这一系列措施之后,美国西南航空公司将其总成本降到了行业平均水平以下。同时,由于有了成本优势,它的机票价格最低可以打6折,那些对价格十分敏感的客户很快就被吸引了过来。正是依靠成本领先战略,美国西南航空公司成了美国最赚钱、市值最高和最受尊敬的航空公司。

砍掉成本
企业家的12把财务砍刀

2 用商业模式整合你的成本结构

这方面共有 3 个关键点。

（1）整合产业链

我们必须对企业成本进行分析，找出企业最大的成本发生在哪个环节，然后再对症下药。

1）对于资源型的成本，要进行资本收购、控股，最好能够控制资源生产的源头企业，与其进行战略合作，尽可能做到成本全行业最低。例如，美国的西部航空公司与西南航空公司竞争的时候，为了和对手展开成本竞争，它对一家炼油厂进行了投资和控股，就是因为燃油是航空公司所有环节中成本最高的一环。收购炼油厂，一方面能够实现成本控制，另一方面可以与炼油厂共享利润。

2）对于资产型的成本，可以采取外包方式，同时与当地资源进行整合。例如，在中国的麦当劳过去必须依赖美国进口的土豆，品质才能得到保障，但是成本非常高。为了控制成本，麦当劳必须使用中国产的土豆。为了保证中国土豆达到进口土豆的品质和口感，麦当劳在中国进行了大量的筛选和考察，选址河北省承德市作为土豆的合作种植基地，并且免费提供自己的先进栽培技术，与当地合作完成种植过程，从而实现了成本的本地化转移。

3）建立上下游的战略联盟关系。今天的企业家必须放眼全球，防患于未然，通过换股等方式，获取自己在产业链及整个行业中的竞争力。例如，法国的雷诺汽车和日本的日产汽车就进行了产业链的合作。这两家大型汽车制造公司进行股权互换，雷诺汽车持有日产汽车43.4%的股权，而日产汽车又反过来持有雷诺汽车15%的股权。资本层面的合作，实现了企业之间经营、管理、人才及资源的共享，结成利益共同体，实现成本骤降。

（2）研发设计

在管理上有句名言："成本是设计出来的。"产品研发设计是重中之重，这是成本节约的源头。

高露洁发现它的成本结构里有一样东西占比较高，就是牙膏的包装管，最早采用的是锡管，后来换成了铝塑管。这一项材质的改变就使原材料成本降低了16%。

因此成本不能仅靠后端控制，那样收效不大。一定要在前端，也就是在研发、设计时进行控制。

所以，管理上有句名言："当设计出现1%的差错时，就会造成1 000%的损失。"研发设计的重要性由此可见一斑。

（3）聚焦产品

我们发现很多成本领先的公司产品都非常聚焦，可能就只有一两类王牌产品，也就是尖刀产品，它们将这些产品做深、做透。

由于产品聚焦，会使生产聚焦、管理聚焦、流程聚焦、市场聚

焦、客户聚焦、营销聚焦,包括售前、售中、售后服务等全部聚焦。这种聚焦才是真正的成本节省。同时聚焦也带动了库存、采购、应收账款的聚焦,以及资金和资产的使用率及周转率加快,最终形成了成本优势。

第二部分
削减成本只须学会李家12式刀法

3 用技术创新凸显成本优势

创新是永恒不变的竞争法则。降低成本最有效的办法,就是进行生产技术创新。一项技术革新往往会大幅度降低成本。

一次,一位沃尔玛的经理一语道破了天机。沃尔玛在控制费用上外显的做法,只要用心,不怕学不到;但是,通过运营和物流技术创新节省下来的成本,其他企业不是一朝一夕模仿得来的。

麦肯锡咨询公司的研究发现,1987 年,沃尔玛仅拥有美国大卖场和百货零售业 9% 的市场份额,但如果以每个员工的实际销售额计算,它的生产率比竞争对手高 40%!沃尔玛一系列大大小小的创新,现在都已经成了行业标杆。沃尔玛创造了仓储式购物业态、"天天低价"、与供应商的电子数据交换(Electronic Data Interchange,EDI)系统,这些创新使沃尔玛可以把节约的成本让利给顾客。到 1995 年,沃尔玛的市场份额已达到 27%,生产率领先 48%。

其中,先进的 IT 是沃尔玛成功的必要条件之一。沃尔玛在 IT 方面的投入,和它平时的节省判若两人!沃尔玛在每轮零售 IT 系统的投资中,都比竞争对手下手更早、更"狠"。沃尔玛是最早采用计算机跟踪库存的零售企业之一(1969 年),也是最早使用条形码(1980 年)、利用 EDI 与供货商进行协调(1985 年)、发射自己的通信卫星(1986 年),以及使用无线扫描枪(20 世纪 80 年代末)的零售企业

砍掉成本
企业家的12把财务砍刀

之一。高效率的配送中心、迅速的运输系统、先进的卫星通信网络，使配送中心、供应商及每个分店的每个销售点都能在线作业，短短几个小时内便可完成"填妥订单→各分店订单汇总→送出订单"的整个流程。想不省成本都难！

 **瘦身小故事**：高科技助力企业挥动成本"砍刀"

1. 京东无人机：成本的降维杀手

从零售商、金融，再到物流商，京东现在又多了一个新身份——无人机制造商。2016年11月10日京东完成在西安的首单无人机配送。掌门人刘强东高兴地表示，无人机送货相比汽车等交通工具＋人员配送，物流费用将下降至少70%。

随着我国快递业的飞速发展，人力资源昂贵、劳动力密集、管理粗放等问题相继出现，地面运输和人力已经无法满足快递行业的发展需求。为了降低物流成本，早在2015年12月，京东就组织成立了无人机研发团队，专门致力于无人机技术的攻关，并将重点集中在研制载重200千克～2吨、飞行半径超过500公里的支线级中大型无人机。此举能够大幅提高仓库的辐射能力，带来的仓储集中化将大大降低库存成本。

2. 淘宝无人超市：打响新零售第一枪

所有人都没有想到，无人超市会来得这么快！2017年6月，一家叫"缤果盒子"（BingoBox）的无人收银便利店出现在上海，号称全球第一家真正意义上的可规模化复制的24小时无人值守便利店。

第二部分
削减成本只须学会李家12式刀法

与传统的便利店不同,店里空无一人,没有营业员、收银员、服务员。从进入超市选购商品到结账买单,全部都由顾客自助完成。无人超市的背后,是人脸识别技术、生物感应技术、物联网、手机支付等一系列高新科技的集成。由于没有人工成本,无人超市的成本支出大约只有传统超市的1/4。店主只须每天早上自己补货即可。据悉,平均一个人可以一天管理10家这种无人超市!按照一个补货员每月5 000元工资计算,相当于平均一家店的人工成本只有500元。这对传统零售行业将形成极大的冲击!

4 用流程再造改善成本构成

20世纪90年代,美国管理专家提出了流程再造的概念,就是对企业的业务流程进行再思考、再设计,使企业在成本、质量、服务和响应速度等方面获得改善。

举个例子。假如做一个手术需要4小时,流程再造专家通过调查发现,手术室中有1小时用于病人的麻醉。由于手术室有很多非常昂贵的设备,1小时的折旧费就是几百美元。然而麻醉期间并不需要无菌环境,完全可以在手术室旁边设一个麻醉室。这样一来,手术室占用的时间从4小时缩短为3小时。原来每天可以做4个手术,占用16小时,现在可以做5个手术。假如一次手术收费5 000元,那么现在一天就可以多收入5 000元,收入增长了25%。

只是这一个小小的流程改变,就带来了如此巨大的收益,可见流程再造的魅力。现代企业的运作依赖各种各样的流程,流程在每个工作步骤和工作环节上都给企业提供了再造和革新的机会和空间。

 **瘦身小故事**:奇怪的定价

如果一个企业想生产一种商品,居然在商品还没有设计之前,就给它定价了,你会不会觉得奇怪?宜家就是这样的,而且,就因为这一流程的改变,让它取得了很大的成功。

第二部分
削减成本只须学会李家12式刀法

这是宜家节省成本的一个高招。在宜家，一群跑遍全球的经理在发现某种流行趋势后，马上把开发重点传达给开发经理。开发经理在调查市面上类似的新产品的价格之后，将价格降低30%～50%，这就是宜家想要的价格。

以设计马克杯为例。假如市面上一般马克杯的售价是20美元，那么，减去一半，得出宜家的定价10美元，然后再想方设法制造出符合这个定价、质地和功能的杯子。因此，宜家的设计师肩负着除了保证美观，还要提高材料利用率、争取花最少钱达到最佳结果的任务。每个设计都层层筛选，几易其稿。

这种设计理念让宜家几十年来处处节省成本到现在。宜家产品的价格比竞争对手往往要低30%～50%。

> **瘦身早知道　目标成本法**
>
> 目标成本法是以给定的竞争价格为基础，决定产品的成本，以保证实现预期的利润。这样，成本便由价格决定。比如说，一个杯子市场价是10元，你的售价是9元，你预期一个杯子的利润是1元，那么，这个杯子的成本，必须控制在8元。
>
> 目标成本＝市价－预期利润

5 用规模经济压低单位成本

在某些行业中,通过扩大规模来实现经济效益的增加,是最有效的成本控制措施。因为,企业的不可变动成本是永远存在的,规模经济使你分摊在单位产品上的成本下降了。比如,扩大采购规模,可以降低单位采购成本;扩大生产规模,可以降低单位固定成本;扩大销售规模,可以减少单位销售费用。

但是,你要分清什么是"规模经济",什么是"经济规模"。"规模经济"是质的概念,是生产成本随产品产量增加而降低的现象,而"经济规模"是量的概念,如一个企业的年生产量。小的经济规模有可能产生规模经济,而大的经济规模也有可能规模不经济。

规模经济在扩大规模的同时,更注重质量和效益,市场份额、管理水平、人才队伍、盈利能力和未来潜力才是评判标准。

第二部分
削减成本只须学会李家12式刀法

6 用人力资源建设有效降低时间成本

重视人才已经成为老总们的口头禅。如今大家都知道人才的重要性，但是你的公司也许一边不断招人、一边人才大量流失，沦为你的竞争对手的人才锻炼基地。你还没来得及举刀砍到劣质的员工，你的优秀员工就远走高飞了。这样，你只能不断地把成本花在招人与锻炼人的身上。如果你的员工业务水平不过硬、工作不够积极，你在人力资源上花费的成本将得不偿失。

不要把重视人才只是放在嘴边、在大会上信誓旦旦说我们重视人才，而要采取实际行动，让人才得到满足感。对于人力资源的建设，相信每个企业家都有自己的一套方式，我就不再赘述了。万变不离其宗，归根结底，都要遵循以下这些大的方针：

1）优化薪酬与福利机制。优化员工的工资、生活福利、保险、奖金发放机制。

2）创造学习与晋升的机会。培训不仅能提高员工的业务水平，更能激发员工学习与进步的欲望。提供合理的晋升机会是公司管理层最重要的工作之一。让有能力的人在合适的岗位发挥最大的作用是提高工作效率的关键。

3）提供优越的工作环境（硬环境、软环境和人文环境）。良好的工作环境能有效地提高工作效率。企业独特的组织文化能使员工

融入企业中，真正成为企业的一分子。

4）建立员工股权激励机制。高级管理人员的股份期权制和一般员工的持股制度，能够极大程度地激发员工的工作热情。

5）建立员工参与管理、提出合理化建议的制度。提高员工主人翁意识。

6）建立合理的奖惩制度。对优秀员工的劳动态度和贡献予以荣誉奖励，如进行会议表彰、发荣誉证书、在公司内外媒体上宣传报道和评选星级标兵等；对犯有过失、错误，给企业造成经济损失和败坏企业声誉的员工，给予警告、罚款、降职、降级、撤职、留用察看、辞退、开除等处罚。

本章思考

1. 你是否采取了业务信息系统来管理你的成本？

2. 你是否注重技术创新、与时俱进？你的成本在行业竞争中是否具备优势？

3. 你是否建立了合理的用人制度激励员工、留住优秀员工，从而降低人力成本？

4. 学完本章，你对改进公司的成本管理、人才管理有什么新的想法？

第三部分

刀法要以内功做辅助

12式刀法已经授完,但还没有结束。下一步,你就要对自己提出更高的要求了。

砍掉成本
企业家的12把财务砍刀

在讲接下来的内容之前,我们先看看,真正的高手是怎么出刀的。

春秋战国的时候,有个厨师给梁惠王宰牛。他宰牛的动作实在太娴熟了,以至于梁惠王看他宰牛,就像看跳舞一样优美,连连拍手叫好。只见他三下五除二,就把一头牛大解八块儿了。他说,技术好的厨师,每年换一把刀,是用刀割断筋肉;一般的厨师,每月换一把刀,是用刀砍断骨头;而他这把刀用了19年,宰了几千头牛,刀刃锋利得就像刚磨出来的一样。他能做到用很薄的刀刃插入筋骨的缝隙处,碰不到骨头,所以刀永远都不会用坏,牛也宰得比别人快。

企业家都是用刀之人。用刀之人,一方面要熟悉刀法,另一方面还要明白刀砍在哪里最有效,出刀快、准、狠、稳,一刀见血,砍成本如庖丁解牛。所以,你还要大致掌握你企业的财务脉络。如果把你企业比喻成一头牛,那么,财务脉络就是牛的筋脉关节,你要了然于胸。

打个比方,你学了招式之后,要修习一些内功心法,以便把招式更好地发挥出来。我们平常总能听到某企业"苦练内功"这样的词,那是企业在完善内部治理结构;而我让你练内功,是要你完善你的知识结构。我总结了4句话,那就是:

手握财务3张表,

心念数字百分比。

轻舟漫泛现金流,

横刀立马万人敌!

第三部分
刀法要以内功做辅助

内功一　手握财务3张表

1 看清楚你的财务地图

企业家带兵打仗，要查明地形，知己知彼。所以，你必须学会看地图，通过地图来摸清状况。资产负债表（见表 3-1）是财务报表的主体，就是你的财务地图，也是你的线路图，提示你的企业朝哪个方向前进，以及你是否偏离了预定的路线。

表 3-1　资产负债表样式（简化）

流动资产	负债
银行存款	短期借款
应收账款	长期借款
短期可变现投资	应付账款
存货	
非流动资产	所有者权益
长期投资	股本
固定资产	未分配利润
无形资产	
长期待摊费用	
总资产（放在哪儿）	负债和权益（谁的钱）

表的左边是资产,右边是负债和所有者权益。这张表遵循一个恒等式:

资产 = 负债 + 所有者权益

我每次拿起这张表先看右边。负债和所有者权益反映了融资策略和实力。负债是你的借贷状况,所有者权益是你的自有资金。会看报表的人都是先看资产负债表的右边,因为企业要生存,首先要有实力和资金。如果负债的比例过大,应付账款和借贷过多,你马上明白,这个企业的资本并不雄厚,你不能给它太多的授信额度,它不一定有能力付清你的所有账款。另外,看所有者权益,也可以看出企业的实力。

这张表还可以看企业的资金结构,无论是长期借款、短期借款,还是应对账款,都可以反映出来。根据这张表,还可以确定你的融资策略。

从它的左边可以看出企业的生产经营策略。企业钱借来后,做了什么事情?是买了固定资产还是投入到流动资产,或买了无形资产?这些资产的比例结构是怎样的?比如说,商贸企业可能流动资产比例比较大,工业企业可能固定资产比例比较大。因为如果要进行生产,得有厂房、设备,就要进行大量投资,这些大量投资都用于购买固定资产。因此,从这张表也能看出企业是什么类型的。总之,资产负债表右边看融资和实力,左边看企业的经营策略。

抓住总体的东西,然后再往下看。

1)股东对企业的所有权在哪儿?你投资了,这个钱体现在哪儿?企业有多少家底?这些都体现在股本和未分配利润上,也就是所有

第三部分
刀法要以内功做辅助

者权益部分。

2)企业欠银行或其他机构的钱在哪儿?在应付账款里。

3)企业的账上有多少钱?就看流动资产里面的银行存款。

4)别人欠企业的钱在哪儿?在应收账款里。

5)企业购买的股票和债券放在哪儿?放在长期投资和短期投资里。

6)企业的厂房、设备在哪儿呢?在固定资产里。

7)企业购买了专利、土地使用权形成的资产是什么呢?就是非流动资产中的无形资产。

8)企业开办期间的费用放在那儿?放在长期待摊费用里。

企业家看资产负债表能看到这样的程度,内功已经很强了。

砍掉成本
企业家的12把财务砍刀

2 分清什么是魔鬼,什么是天使

你要养成一个习惯,每月月初的第一件事,是拿起损益表、现金流量表,仔细看上面的数字,有没有在你的预算范围之外,有没有什么异常的情况发生。你和它亲密接触的时间,要比其他报表都长。

拿起损益表,你怎样和它对上眼?损益表比资产负债表要简单得多,这里,有你喜爱的天使利润,也有你憎恶的魔鬼成本(见表3-2)。

- 第一看公式。

$$利润 = 收入 - 成本$$

就是这个公式,反映了企业的经营结果。今年的毛利润与去年一样吗?如果毛利润低于去年,严格检查销货和购货情况!

- 第二看收入。主营业务收入、其他业务收入和投资收益、营业外收入,有主要的,也有次要的。主营业务收入是你的尖刀,这一块必须保持绝对地位!在总收入不变的情况下,如果你这部分的比例减少了,你要高度警惕起来了,看看是因为行业不景气,还是市场上出现了新产品,或者客户的喜好有所改变。需要找到减少的原因。
- 第三看支出。和上个月相比,你的成本支出有没有增加,如果增加了，就看是在哪一块增加了。比如，是原材料费用增加了，那你就要问："是使用量增加了，还是价格上涨了？"如果是使用量增加，你就要问生产车间主任："是不是有浪费现象发生？"如果是价格问题，你就要问采购部门："能不能维持原价？能不能换其他供应商？有没有其他替代品？"拿着这张表，你可以一眼发现问题的关键所在。你的管理费用是否增长了？如果你今年在商业中心租了新的展厅，费用支出增加了30%，你期望将你的收入提高20%，那么，是否达到了目标？

- 第四看经营的最终结果——净利润。如果你前面的工作做得很好，你看到的这个数字，就是你的战果。

表 3-2 损益表（简化）

主营业务收入	营业利润
减：主营业务成本 　　主营业务税金及附加	加：投资收益 　　　补贴收入 　　　营业外收入 减：营业外支出
主营业务利润	利润总额
加：其他业务利润 减：营业费用 　　管理费用 　　财务费用	减：所得税费用
	净利润

3 抓住你的生命线

人们常说:"现金为王。"一个企业不挣钱,不等于倒闭,但没有了现金,一定得倒闭。一旦企业没有了现金流,就等于人没有了血液。

现金流是企业现金整个的流入和流出,你在哪儿能看到它呢?就是这张现金流量表(见表3-3)。现金流量表所提供的信息,是每个企业家都想知道的:"我的钱跑到什么地方去了?"它是3张报表里唯一涉及现金流入流出的报表。假如,上年末你的现金余额为20万元,今年你的余额为15万元,那么,你就知道你今年的现金净流出为5万元。

表3-3 现金流量表(简化)

项　　目	金　　额
一、经营活动产生的现金流量	
销售商品、提供劳务收到的现金	
税费返还	
收到的其他与经营活动有关的现金	
现金流入小计	
购买商品、接受劳务支付的现金	
支付给职工及为职工支付的现金	
支付的税款	

第三部分
刀法要以内功做辅助

续表

项　目	金　额
支付的其他与经营活动有关的现金	
现金流出小计	
经营活动产生的现金流量净额	
二、投资活动产生的现金流量	
收回投资所收到的现金	
分得投资股利或利润所收到的现金	
处置固定资产、无形资产和其他长期资产收到的现金	
收到其他与投资活动有关的现金	
现金流入小计	
购建固定资产、无形资产和其他长期资产所支付的现金	
投资所支付的现金	
支付的其他与投资活动有关的现金	
现金流出小计	
投资活动产生的现金流量净额	
三、筹资活动产生的现金流量	
吸收投资所收到的现金	
借款所收到的现金	
收到其他与筹资活动有关的现金	
现金流入小计	
偿还债务所支付的现金	
发生筹资费用所支付的现金	
分配股利或利润所支付的现金	
偿付利息所支付的现金	
支付的其他与筹资活动有关的现金	
现金流出小计	
筹资活动产生的现金流量净额	

续表

项　　目	金　　额
四、汇率变动对现金的影响额	
五、现金及现金等价物净增加额	

你收到钱了，现金流量表就体现出来了。你说你卖出东西了，但是那只是应收账款，没收到钱，现金流量表就体现不出来。现金流量表就是反映你现在有多少现金。

现金流量表一共有以下三大块。

1）经营活动产生的现金流量，就是销售商品、提供服务收到的现金。

2）投资活动产生的现金流量，就是投资产生的现金收益，如买股票、债券。

3）筹资活动产生的现金流量，就是从各个地方筹集来的现金，包括发债、借贷等。

这些是现金的流入，同样，你购买商品、接受服务、支付租金和职工工资，偿还债务、投资亏损，这些都付出了现金，那么就是现金的流出。

经营活动所产生的现金流净额，等于流入量减去流出量，这个一般来讲应该是正数。你要随时注意：现金流是增多了，还是减少了？企业是否赢利了？现金流有没有增加？如果没有增加，甚至减少了，你就要马上找出原因，看看是哪儿的现金支出过多，能不能立即弥补。"亡羊补牢，为时未晚。"如果是负数，企业就危险了。

第三部分
刀法要以内功做辅助

内功二　心念数字百分比

1　把数字和百分比放在心上

3张表尽在掌握之后，你可以骄傲地说："财务问题别想蒙我。我可以和财务专家、职业杀手尽情地交流了！"你的内功已经突飞猛进了。不过，先收敛起你的骄傲，我们再来看几个数字，让你知道什么是真正的数字管理。光能看懂不行，你还要学会从报表当中看出一些端倪，通过数字和一些比率分析，来观察企业的财务状况。

财务报表的分析，主要是三大块。

1）运营能力，就是企业实际的经营能力、运行能力。

2）获利能力，就是企业挣钱的能力。

3）偿债能力，就是保证债权人的利益的能力。

在财务分析中，最常用的是比率分析和趋势分析，就是用数字加百分比的方式来分析企业的各种能力。

比率分析是用除法，把某一个项目与另一个项目相比。比如说毛利率，就是毛利润除以营业收入。

砍掉成本
企业家的12把财务砍刀

趋势分析有两种：一种是纵向分析，另一种是横向分析。单个一张表、孤零零一个数字，可能看不出问题。企业今年盈利100万元，是好是坏你不知道。可是通过比较，如果去年盈利50万元，同样的厂房、设备，人员也没变化，今年盈利100万元，说明企业进步了。还有一个方法就是和同行业比。同样是搞印刷的，你这个印刷厂和人家的印刷厂相比，利润率是高还是低？行业的基本利润率是多少？这样一比，你就知道你的企业在行业中的位置了。

第三部分
刀法要以内功做辅助

2 运营能力

企业在经营中，运营能力反映在存货周转速度和应收账款周转速度上，主要体现在资产负债表中的存货和应收账款上。运营能力有两个关键比率：存货周转率和应收账款周转率。

存货周转率＝销售成本/平均存货

有了这个数据，你就可以把今年的存货周转率和去年、和上个季度、和上年同期相比。如果高了，说明你的库存控制得不错；如果低了，要查是什么原因，是不是应该砍库存了。

应收账款周转率＝销售收入/应收账款平均额

看你的应收账款收得好不好，主要看应收账款周转率。我们前面谈到砍客户，如果你发现这个应收账款周转率变低了，一定是你的客户"阴收款"多了。你就知道，该向客户开刀了。

通过这两个指标，结合内外部的因素，就清楚了你在企业管理的过程中，哪些要素你控制得好，哪些要素你控制得不好，你该从哪个地方开刀。

3 获利能力

体现获利能力的一个指标就是销售毛利率。

销售毛利率 =（销售收入 – 成本）/ 销售收入

就是损益表中的主营业收入减去成本,然后除以主营收入。

毛利率是在没有交税、没有扣除间接费用时算出来的。毛利等于销售收入减成本,这里的成本指的是直接材料成本、直接人工成本和制造费用。毛利率代表着企业的竞争力。企业的毛利率越高,说明产品在市场上的议价能力越大,用户对产品的认可度越高。因此,毛利率是管理者必须保持敏感的一个数字。

销售净利率 = 净利润 / 销售收入

这个是看你真正赚钱没赚钱。没有再扣除的东西了,所以叫净利润。这个利润率与你的销售收入是相关的,就是说不光要看有多大的销售收入,还要看有多大的净利润。

第三部分
刀法要以内功做辅助

4 偿债能力

偿债能力有短期偿债能力和长期偿债能力。短期偿债能力有两个关键指标：一个叫流动比率，另一个叫速动比率。这两个指标谁来看？是给你的债权人看的，谁借你钱谁就关心这两个指标。

流动比率 = 流动资产 / 流动负债

流动资产可以在资产负债表里找到，在资产负债表左边的资产部分，有一个流动资产合计。流动负债是在资产负债表的负债当中，有个流动负债合计。

流动比率的标准值是 2∶1，就是说，你的流动负债要用流动资产来偿还。出于最安全的考虑，流动资产应该是流动负债的两倍。这样，你的债权人通过资产负债表，马上就能看出你的偿债能力是比较好的，他就放心了。

速动比率 = 速动资产 / 速动负债

在流动资产中，有一部分资产不是马上就能流动起来变现的，如存货，那么，我们把它排除出去，剩下的那部分流动资产，就是变现能力较强的，叫速动资产。它跟短期负债之间最好是 1∶1 的关系。就是说，一旦短期负债到期，马上变现就能还给债权人了。

在你的资产负债表上把这个数一找，很快就能算出来，你的企业资产流动比率是多少。是 2∶1、1.5∶1，还是就是 1∶1？你可以根据情况采取相应的措施。你还可以分析同行业中，其他企业资产的流动比率、速动比率是多少，你跟它们之间有多大的差异，什么原因导致产生这些差异。弄清楚了你就可以决定砍哪一部分了。

长期偿债能力，就是指你偿还长期负债的能力。它主要有一个常用的指标，叫资产负债率。

$$资产负债率 = 负债总额 / 资产总额$$

负债总额和资产总额这两个数字在资产负债表中全有。有些企业负债率高达100%。就是说，所有负债总额等于总资产。在这种情况下，企业哪有钱还债啊？总资产中既包括流动资产、固定资产，还包括非流动资产。其中许多资产本来变现能力就低，所有资产加在一起才相当于流动负债，这样的企业，很少有人敢借给你钱了。所以，你的首要任务是砍债务。

不过，负债率没有确定的指标，不能说负债率50%就好，70%就不好，要看你企业所在的行业和实际经营情况，需要你进行具体分析。我还是那句话："不要盲目相信借鸡就能生蛋。"借鸡是有成本的，有压力、负担和风险的，不是白借的。

要将你的财务指标与同行业企业比较。比如说，你的利润、运营能力、偿债能力跟同行业企业比较，看处于什么水平，结合这3个报表，你再确定主要抓住哪块目标市场。

第三部分
刀法要以内功做辅助

内功三 轻舟漫泛现金流

1 编制现金预算

据统计，在破产倒闭的企业中，不乏盈利情况非常好的企业！它们死于何因？死在现金流上！

现金流是企业的致命软肋，它的重要性就不赘述了。那么，怎么样练就金刚不坏之身，让你的现金流乖乖听话并发挥作用呢？

在财务管理中，现金不等同于通常所说的现款。我们把企业以货币形态存在的资金都叫现金，也就是随时能变现的钱，包括库存现金、银行存款、银行本票、银行汇票等。

你要做一个现金流量表，定期编制现金预算，及时反映现金的流入流出、盈缺状况。

现金流总预算就是根据企业的投资发展计划，在年初对一年里大概需要多少资金做个估计，问自己4个问题：

- 公司今年销售的预算是多少？
- 从历史来看，公司一年的现金流平均需要多少？

砍掉成本
企业家的12把财务砍刀

- 公司在下一年有没有大的战略目标？实现这些目标需要多少现金支出？
- 这些资金通过哪几种方式来筹集？

以上这些因素考虑进去之后，制定一个现金流的总预算。然后，你可以把计划分解到月，做出每月的现金流预算。密切观察现金流的变化，一旦少于预算，你要早做打算。

预算做好之后，你还要有一个现金流收支表，统筹日常经营活动的现金安排。从表3-4可以看出，每笔现金的进出，都有记录。你心里有数，谁也没法打马虎眼。

表3-4 现金收支日报表

前日余额	本日收入额	本日支出额	本日余额
相关传票数量	现金收入		现金支付
备注			

财务： 复核： 制表：

第三部分
刀法要以内功做辅助

2 不要见到大单就心动

"总经理,我接到一个大单!够我们一年的收入了!"突然有一天业务员跑过来对你这样兴奋地说,你肯定也会高兴起来,夸他好样的。

但你要保持冷静。再好好看看合同条款,不一定所有的大单你都要签。

有一家公关公司,刚成立半年,就接了一个国内知名企业的百万元大单,非常兴奋,感觉机会来了。因为客户是知名企业,在付款方式上,公司接受了"预付合同金额的30%,其余70%活动结束后2个月付清"的苛刻条件。

活动轰轰烈烈地开展了,可是,该活动让这家公关公司的财务陷入了危机。因为活动的费用支出高达合同金额的70%,而客户只先付了30%,这意味着,有40%的费用要公司提前垫付,而这40%就是40万元啊。对于一个刚刚成立的小公司,这是多么大的一笔流动资金啊。幸亏几位公司股东及时把自己的房子抵押了,获得了贷款,才解决了危机。

有时,一个大单砸来,利润真是可观,诱惑也多多。原本公司拼了命也要做这单,结果拼了命,却没有做下来。你要看清楚这张饼是否太大,大到可能噎死人。一般来说,不要接超过公司生产能

力 15% 以上的大单。就像上面所举的例子,虽然百万元的大单可以为公司带来近 30 万元的利润,但是如果没有雄厚资金支持的话,就有可能被噎死。

当然,轻易地丢掉大单是每个生意人所不能容忍的事情。这个时候,你可以考虑把部分订单转包给可靠的同业公司。这样风险转包出去了,吃到你嘴里的饼才能更香甜、更容易消化。

第三部分
刀法要以内功做辅助

3 早收款晚付款

客户不全都是上帝，也有魔鬼。对他们要警惕、再警惕！如果客户第一次购买你的产品，一定要求对方先付全款，然后提货。要随时记录客户的付款情况,制定相应的付款条款。对于信用好的客户，可以将预付款的比例适当降低，但不能低于成本，同时要确定应收账款的回收期。

对于下游的原材料企业来说，你是它们的大客户，而且是长期客户，一般都是可以推后付款的。除了第一次合作，为了表示你的诚意，需要提前支付货款，以后的合作，就告诉它们，你公司的惯例是先到货后付款。货到 30 天内付款，这样你就有了 30 天的无息贷款，可留作他用。但是你一定要第 30 天付款，不要一拖再拖，影响公司的信誉。

如果公司现金紧缺，你尽量不要动用仅存的现金，可以试图和供应商商量，你能为它们做什么？能不能用你的商品和劳务与它们交换？

砍掉成本
企业家的12把财务砍刀

> **!瘦身早知道** 现金回收与支出的技巧
>
> 1. 现金回收的技巧
>
> 1）银行业务集中法。企业在主要业务城市开立收款中心，指定一家开户行为收款银行，集中办理收款业务。这样节省了银行的中间周转时间，加速了收款过程。不过这种办法稍微增加了一些管理成本，可视情况而定。
>
> 2）加速收款，如果客户在30天内偿付货款，就给予2%的折扣；60天内付款，就给予1%的折扣；90天内付款，就须全数收取。采取折扣的方式是为了鼓励销售回款。
>
> 2. 现金支出的技巧
>
> 1）推迟支付应付账款。一般情况下，对方收款时会给企业留下信用期限，企业可以在不影响信誉的情况下，推迟支付时间。
>
> 2）采用汇票付款。汇票支付结算方式存在一个承付期，企业可以利用这段承付期延缓付款时间。

其实，不少企业已经在采用上面的方法为自己争取更多的时间。你不要以为这只是雕虫小技，在这个问题上，你要让你的员工多想办法。如果哪个员工早收款晚付款做得很出色，这是他的本事，你就要给予奖励，并且推广他的经验。

第三部分
刀法要以内功做辅助

4 多租少买

经常看到一些企业赚钱以后,就迫不及待地购置自己的厂房或大型设备。待厂房或大型设备就绪后,企业也被银行债务拖垮了。所以,需要占用资金巨大、建设周期长的大型生产设备或固定资产,一定要尽量租用。

租赁可以分为两大类:经营租赁和融资租赁。经营租赁是你租用别人的东西,不需要承担所有权的风险。如果出现问题,出租人负责维修。租赁期一到,还东西走人。融资租赁你就要承担所有权的风险了,租赁期满之后,出租人就把资产的所有权转给你,或者由你出低价购买。

这样,虽然短期内支付的费用相应多些,但能保留下足够的现金流,支撑企业良性运转。当企业的资金积累到一定程度,完全可以支付这样一笔巨款的时候,才是考虑购置自有固定资产的时机。

很多企业老总会使用自己名下的汽车为企业服务,我也是这样做的。我还鼓励员工个人买车,办事的时候用自己的车,然后按行驶里程给他们报销汽油费,再给他们一些补助。

5 现金不是越多越好

持有现金，比持有奔驰、房产要有底气得多。有了上面一系列内功的修炼，你的现金得到了一定的保障，也许手里的现金逐渐多了起来。

但是，我没有说现金越多越好，这里，我们又用得上我们的刀了。砍掉过多的现金，能给你带来更多的利润！这听起来似乎有些不可思议。持有的现金多了，不加以利用，闲置在那里，就不能让它们发挥作用。如果把这部分现金利用了、增值了，你的利润就出来了。另外，持有大量的现金，还增加了你的管理成本。

所以，你要确定你公司最佳的现金持有量，就是综合你公司各个时期的现金需求，确定多少现金能满足你公司的需求。

这里有一个计算公式：

现金最佳持有额度 = 现金总需求 / 现金周转次数

现金总需求，我们刚才谈现金流总预算的时候，已经提到过了，你要有一个预算数字。现金周转次数主要取决于存货天数和应收、应付账款收支快慢。尽量降低存货天数，尽量加速回收应收账款，拖延付款的时间，能有效利用你的资金。

算出现金最佳持有额度，你手上拿着它，就可以了。

第三部分
刀法要以内功做辅助

6 抵住现金的诱惑

借钱的成本很高,欠钱的后果很严重,每个企业家都明白。可是,如果换作你,能不能抵制住现金的诱惑?你也许在想,我的企业有能力圈到钱,银行肯把钱借给我,是我实力的象征,别的企业想借钱都没有门路呢!我现在有这个条件,为什么不借点?先拿了钱再说!

借了钱以后,企业要考虑有没有明确的投资方向。一些企业一边有大量的存款,一边还去借款,拿了钱委托机构理财或同业拆借、关联交易,最后把自己的资金链搞得很复杂、很脆弱,其弊端显而易见。

有一些企业是真正缺钱的,现金不足了。我还是奉劝你,不到万不得已不要借钱,你可以把汽车或仓库卖掉去租。

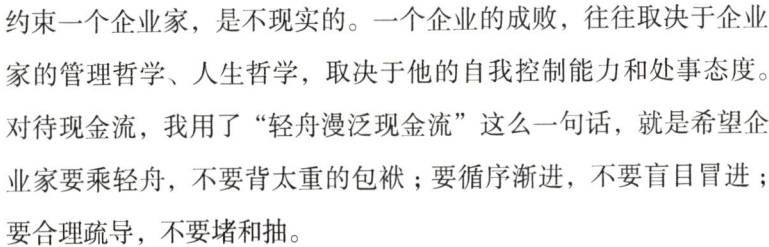

为什么说企业管理不只是一门学问,更是一种哲学?我想就是这个道理。有时候单靠知识、常识的力量来约束一个企业家,是不现实的。一个企业的成败,往往取决于企业家的管理哲学、人生哲学,取决于他的自我控制能力和处事态度。对待现金流,我用了"轻舟漫泛现金流"这么一句话,就是希望企业家要乘轻舟,不要背太重的包袱;要循序渐进,不要盲目冒进;要合理疏导,不要堵和抽。

砍掉成本
企业家的12把财务砍刀

7 不要轻易放出你的现金

企业在周转资金时,难免会有闲置资金。有的公司老总就会想,这些资金闲着也是闲着,怎么让它们越滚越多呢?一般来说,闲置资金可以选择的投资途径有很多,但是一旦投资失误,风险也很大。因此,我们在放出现金之前,一定要深思熟虑。下面对常见的投资途径的风险一一进行分析。

1)投资做点"短、平、快"的项目。这种做法有很大的危险性。"短、平、快"的项目一般利润不会太高,亏本也很正常,而且更大的风险是,"快"容易出问题。本来想着能很快收回投资,很可能变得一拖再拖,短期投资变成了长期投资。

2)放在银行存定期。这种方法获利比较少,急需用钱提前支取时还有利息损失。如果用存单抵押贷款,也会损失利息。明明有钱,却因为存了定期取不出,不得不付更高的利息向银行贷款。

3)购买股票。这种方法的缺点是风险大。企业把钱投向自己不熟悉的证券市场,可能越陷越深。

4)购买房地产。这种方法的缺点也很明显,购买房地产需要复杂的专业知识和法律知识,房地产变现能力不强,投资周期很长。

5)企业间借贷。这个市场的利率一般比较高,但因为企业没有放款的专业知识,容易上当受骗。

对于企业来说,短期安全可靠的方法就是购买债券。

第三部分
刀法要以内功做辅助

内功四　横刀立马万人敌

1　企业家对待财务的 3 种错误态度

你"手握财务 3 张表,心念数字百分比,轻舟漫泛现金流"之后,就达到了修习内功的最高阶段——横刀立马万人敌。你的刀法精熟了,内功也修炼了,还要学会合理运用,融会贯通,练好最后一项内功,让你对财务管理有一个系统的认识。

企业家对财务管理,可能有 3 种类型:

1)抓住不放型。这类企业家丝毫不舍得放权,对每笔账、每分钱都事必躬亲,自己记账、自己核算,把自己搞得既是财务总监,又是会计、出纳,这样你就没有更多的时间去做其他事情,特别是战略管理了。

2)放任自流型。有些企业家成天都不在公司里,外面的公关、业务都忙不过来,根本顾不上财务这块,而且自己也不懂财务,请个出纳和会计,就全权委托给他们了。人请了,钱放出去了,没有监督,没有考核,放任自流,不知道账上有多少钱,花到赤字了都不知道。

3）疑神疑鬼型。这类企业家谁也不信任，把钱放哪儿都不放心。会计做账他不信，出纳报的账他也不信，弄得和财务人员关系紧张。

企业家对财务产生这样的态度，公司财务出现这种那种问题，说明你的公司根本就没有财务制度做后盾，你根本就不懂什么叫财务管理。

第三部分
刀法要以内功做辅助

2 该专管的专管，该外包的外包

要在你的公司里建立财务制度，你要先健全岗位，安排专人做这些事情。在财务事务上，我不反对外包，因为财务的有些岗位，确实不需要有人天天来上班，社会上有代理公司，可以代替某些专职的财务岗位。

在这种情况下，你怎么进行财务管理？有的企业家说："让我找财务代理？好，听你的，但是，会计一个月来两次，我的账怎么办啊？"我建议大家，有些岗位是能代理的，有些岗位是代理不了的。出纳岗位不能代理，要有专职人员，他要管钱。管钱是一个琐碎的事情，天天有事，经常收收支支，跑跑银行，尤其是财务上报销什么的，没人不行。库房管理岗位也不能代理，他是管物的。财务管理金三角，就是由钱、账、物构成的。

不管怎么说，你这摊事得有人管。你得知道，你的企业到底要设计哪些岗位，不能缺了。可以一人多岗，高效利用人力资源，但是不能缺岗位。另外要注意，不兼容岗位一定要不同的人分管，如出纳员就不能充当会计做账，会计岗位可以外包。

在大企业的会计体系中，除了财务会计和管理会计，还有成本会计、税务会计和内审会计等。成本会计的职责一方面是在财务会计提供了成本信息后，合理确定存货价值和计算损益；另一方面是为管理会计提供决策分析中的基础信息。税务会计的职责是依据税法计提税金，订立税务规划。内审会计的职责是维护企业会计体系的客观性和安全性。

随着科学技术的发展和进一步全球化，企业会计体系上还产生了两个新的分支：一个是会计信息系统。计算机的应用，使人工操作过程电算化，一些在以前手工操作下不可能做到的事情和功能，应用计算机都能实现。另一个是国际会计。由于涉外业务的发展，企业在国际贸易和国际资本交易中要面对多种货币计价，因此要关心不同国家会计规则和金融市场法规。

第三部分
刀法要以内功做辅助

3 建立财务管理体系

你在财务管理上安排了专人,你的下一步就要建立健全企业的财务管理体系。没有规矩不成方圆。财务管理体系不健全非常容易出问题。

财务管理的三大体系简述如下。

1）财务预算,就是事前管理。在企业制定战略的过程中,财务要加以配合进行财务预测,给企业制定战略提供科学的依据。

2）财务控制,就是事中管理。在制定财务目标的同时,要考虑哪些地方容易出现问题,哪些执行过程容易出现偏差,这些点就是财务上的控制点,对这些点你一定要控制住。

3）财务核算,就是事后管理。大家知道,财务到了核算这个阶段,已经是最后了。核算是需要有票据的,会计根据票据做账。

企业家可以自己想一想,这三大体系,第一个有没有？第二个如果有,是否健全？第三个是否全面？企业家在财务管理上要有一个整体的概念。我认为,这三大体系都应该兼顾到。你的财务人员或财务管理班子能够建立健全这三大体系,才算合格。

4 目标控制法

企业不可能事前做账,没有发生的事,不能像写小说那样,凭想象做账。但是,在发生之前,你心里先要有本账。

目标控制法,就是先有目标后有控制,牵着账的鼻子走。这是一种根据企业的状况,确定企业理财目标,变事后核算为事前财务预算和事中的财务控制,做到既真实反映企业的经营状况,又实现企业理财目标的财务管理方法。

以前面提到的流动比率为例。流动比率 = 流动资产 / 流动负债,这个值的标准是 2∶1。企业要达到这个标准值,如果达不到,相应的人员就要追究责任。财务在核算的时候,要随时提醒企业家,企业现在的流动比率是低了还是高了。如果低了,马上分析原因,采取相应对策。

第三部分
刀法要以内功做辅助

5 财务人员必须听话

我不是一个专制的人，但是对待财务人员，我很专制。我要求财务人员必须听话，这是一个起码的前提。而且，任何时候我说要财务报表、统计数据，他必须在第一时间给我送上来。

为什么这样呢？因为，从目标控制的角度来说，财务人员不需要太多的创造性，只要制定预算目标，通过财务控制完成目标就可以了，这中间需要的是严谨和绝对服从。我从来不会因为一些突发因素，让我的财务人员在报表上做手脚，发挥他们的"创造力"，做好几套账。我认为，真正的高手，只做一套账，而且，必须只做一套账！我相信我的财务人员，他们都是真正的高手。

但是在成本控制上，我给我的财务人员特殊权力，他们可以对我指手画脚，告诉我怎么做。如果他们一段时间悄无声息了，我会主动找到他们，询问削减成本的方法。

"李总，我觉得我们今年的管理费用上去了，部门的领导可以砍掉一些。"

"噢？你是凭什么判断的呢？"

"因为现在明显感觉，办个手续的流程多了、时间长了。"

类似这样的问题，他们任何时候提出，我都会认真考虑。你要

有心胸和度量,这样的方法很有效。我的很多刀法,都是从他们身上学来的。

> **瘦身早知道** 财务人员的3个标准
>
> 1)绝对服从。
>
> 2)忠诚可靠。
>
> 3)提供建议。

第三部分
刀法要以内功做辅助

6 把"一支笔"变成"多支笔"

我从没觉得财务是个高深得让人头大的东西,说白了很简单,就是企业家和会计的双簧。会计对财务的控制体现在一套表——会计报表上,企业家对财务的控制体现在一支笔——签字笔上。没有你的签字,公司的财务就没法运转。

每当申请单摆在你面前的时候,你要考虑这个字该不该签,签了会有什么效果,不签会有什么效果。看似简单,但这其实就是一个财务决策过程。

你得学会授权。不要把着这支笔永远不放。我有时碰到一些企业家,跟他们谈事儿的时候,被打断好几次,半小时里3个人来签字,大大小小的单子他都亲自签字。企业家处理的应是例外事件、特殊事件,程序性的事件交给你的管理人员去管理。你的工作就是应该建立制度和程序,把复杂问题简单化。

要把你的授权制度建立好。以报销为例,员工申请,出纳填单,会计审核,经理签字,出纳放款,要有这么一个规范的流程。同时要设置一个金额上限,在这个金额以下的账款往来,可以授权部门经理按照批准的财务预算签字。有些财务支出超出了预算计划,就必须你自己来签。

砍掉成本
企业家的12把财务砍刀

"一支笔"可以变成"多支笔",你还是拥有绝对的控制权。但是,"多支笔"授权的前提,是财务制度必须健全。如果制度不健全,你把权授下去就会乱套了,钱很有可能抓不住飞了。

第四部分

给企业家的4个建议

竞争要求企业家是一个全才。你不需要成为财务的专才,但你要随时保有意识,用商业思维模式去思考。

砍掉成本
企业家的12把财务砍刀

我很同情现在的企业家,他们肩负着那么重的担子,管理着那么多的人,承担着那么重的社会责任,还要抽出大块的时间,不断地学习、充实和提高。

但是企业家是这个社会里一个特殊的人群,他们必须比别人付出更多,当然也会比别人得到更多。

在这本书里,我尽量用最简单、最直接的语言和企业家们分享我在削减成本上的一点心得,目的就是希望企业家在最短的时间里,学到最实用、最有效的财务知识。

我为什么一直在强调企业家要懂财务、有财务思维?一方面是环境对企业家的要求,另一方面是我亲身的体会。我们行动教育之所以能取得一些成绩,财务管理起到的作用是巨大的。企业家所从事的商业活动里,充满了数字。难以想象,一个成天要和数字打交道的人,没有财务知识,如何生存下去?若能活到现在,纯粹是侥幸。

长江后浪推前浪,现在新生代的企业家越来越年轻、学历越来越高,知识结构也越来越全面,当我们已经站在浪头上不可回头的时候,我们拿什么和年轻人竞争?只有学习,不断地学习。

在你认真修习了我削减成本的12式刀法和提高财务水平的4个内功之后,我还想给你提4个建议。

第四部分
给企业家的4个建议

1 企业家要有财务思维

学习了刀法和修炼了内功,你对会计和财务已经有了一定的基础。可以说,这些财务知识你在管理中基本够用了。但是,我为什么还要反复强调企业家要有财务思维呢?就是要提醒企业家,在任何时候、做任何决策,都要按照财务制度、会计准则、公司规程办!你虽然已经了解了财务的作用,学到了财务的知识,但是你在今后的管理中,难免还会按照以前的积习、以前的办事方式,从情感和愿望的角度做决策,这样你的财务知识就相当于白学了。管理方式的改变,不是一朝一夕的事,需要企业家时时都有财务思维、财务意识。

每个企业家都希望自己的企业做大做强。从企业发展的角度来说,我的这些刀法和内功,只是财务知识的一角。企业做大之后,要融资、上市、借贷、兼并收购、整合价值链等,最终实现基业长青,这一切都要建立在财务规范的基础上。没有好的财务管理制度,你就不可能融到资、找到合伙人,更谈不上上市和资本运作了。

世界上有3种人:第一种人是打工者,为了钱去工作,靠出卖自己的劳动价值来创造收入,全世界90%的人都是这种人。第二种人通过企业、商品、价值创造获取利润,这就是企业家;他们懂得用人去赚钱;第三种人通过资本运作用钱赚钱,这就是资本家。也许现在你已经是第二种人了。要想超越,就要先完善自己!

砍掉成本
企业家的12把财务砍刀

2 财务先行

现在很流行一种创新思维方式,叫作头脑风暴。它把人原先固有的思维模式完全打乱,重新排序。我很欣赏这种方式,我觉得这样的方式对企业家尤其重要。

能成为企业家的人,我认为他们大都是自以为是和倔强的。他们相信自己是对的,总努力去影响别人。要让别人影响他们,改变他们的思维,那是难上加难。这是他们成功的一个要素,也是发展当中的一个障碍。

我的第二个建议,是要求企业家财务先行。就是说,用财务预算、控制和管理这整套程序,去指导企业家的一切经营活动。企业家往往习惯于市场先行、销售先行,所以,要来个头脑风暴,接受我的财务先行的思想。

你的公司在制定战略目标的过程中,要制定相应的财务目标。企业战略要与财务整体格局相配合,要形成一个概念:所有的财务事宜必须事前算账。例如,今年有个战略性的大项目,投资后大概应有多少收益?这是你的财务目标。相应的收益跟着相应的成本,成本应控制到什么程度?这

第四部分
给企业家的4个建议

也是你的财务目标。有了目标不等于能实现目标,这就要进行事中控制。

收入 – 成本 = 利润,天天要盯着。我们公司的财务总监曾经在可口可乐公司当过副总裁。我要求他,在我每天一上班的时候,把昨天整个公司的预算收入、实际成本、实际收入这 3 个数字拿给我。早上 8:30 上班,我要求 9:00 必须看到。之后,我开始分析这些数字。如果营销上有差距,差距在哪里?马上找原因,找改进办法。如果成本上有差距,马上想方法。松下幸之助说,他每天晚上都要盘点。如果利润没有达标,他那天晚上就睡不着觉,一定要找出一个解决办法,才安然入睡。

一切活动要财务先行,把财务放到第一位。客户签单前,也先让财务介入,对这份合同审核成本、审核利润。一旦过了盈亏平衡点,就不能签单。

3 奖励高手，奖罚分明

在成本控制上，我们公司可谓煞费苦心，也很齐心。我前面提过，要在你的公司建立一个激励机制，凡是为公司节约成本的人都要奖励。

我要求员工每个月提交一条针对成本控制的合理化建议。一旦被采纳，马上公告全公司，奖励提议者。我们公司有一项制度，就是所有的员工，针对公司里任何一项成本，不管用什么渠道，提供给公司的建议获得了成效，那么节约下来的成本的50%奖励给这个员工。另外，对于花钱的部门，一旦采购的东西在一个时间段内，比如两周内，公司的其他员工获得的价格更低（同品质），那么这名负责采购的员工将会被问责。

比如说，负责采购餐巾纸，每包餐巾纸两元，但是如果两周内突然有一天有员工说，这种餐巾纸每包最多只要一元。那么，在一年中，这样的纸买了多少，差额是多少，就要求你按照一定比例赔偿。

这是发生在我公司的一件事情，我们打算采购广告灯，这个在我们公司用量很大，当时我们获得的价格是880元一盏。因为员工奖金按毛利提成，成本关系到他的切身利益。一天，一个员工告诉

第四部分
给企业家的4个建议

我说，李总，我在网上发现有家大供应商也在卖这个灯，一模一样，价格是860元。我看了以后确实是。我马上召集采购部开会，对他们提出一个要求，让大家最后冲刺30天，在这30天里，针对公司采购的所有产品的价格，再做一次严格审核，重新审核我们的供应商，哪怕是一分钱都要追回来。大家签了字，说如果有报价更低的，甘愿受罚离职。30天后，账单报上来了，有的部门真砍掉一些。我一看广告灯，还是880元，马上找到副总，问为什么我们能860元买到，你还是880元？他触电了。所有人求情都没用，必须离职。

制度面前人人平等。使刀法，就要刀法凌厉。不要在奖励的时候舍不得，在处罚的时候又心软，这不是个好的企业家。

4 养成反向思维模式

人与人之间是有思维模式上的差异的，一种是正向思维，另一种是反向思维。思维方式不同导致人们的行为方式不同，行为结果也有区别。我们认为造成成功人士与平庸者之间的差别就是这两种思维方式的差异。

平庸者往往采用正向思维。所谓正向思维，是指人在做一件事情的时候，不会慎重地去考虑这件事情，而会凭直觉感情用事，盲目、冲动、偏激，往往想都没想就行动了。盲目行动以后，得到的往往都是坏结果，导致有人不敢行动了，形成恶性循环。正向思维的过程就是起因—过程—结果。谁能保证这个结果是好的呢？比如说，钱花了，花出去之后才发现花错地方了；东西买了，买了之后才发现不该买；客户请了，请了之后才发现不该请；员工招了，招来了才觉得不该招。

在行动之前，我们一定要有正确的抉择。怎样做正确的抉择？就是要用反向思维。反向思维要求我们在做每件事情的时候先想一个问题："我想得到什么结果？"它是结果导向的思维模式。我花这些钱，想得到什么结果？如果这个结果是

第四部分
给企业家的4个建议

我想要的,我才花。招聘一个员工,我想要什么结果?量化目标和价值,这个人能给我什么工作绩效?圆饼图全部都画好,然后才把这个人招来,给他工作,让他创造价值。

在财务管理上,我们每时每刻都要问自己4个结果,我觉得这是我的绝招。每花一分钱的时候,我就问自己4个结果:

第一,花这分钱我得到什么结果?

第二,我要这个结果会造成什么损失?

第三,不花和少花能得到这个结果吗?

第四,花了这分钱绝对能保证得到这个结果吗?

去年中秋节快到的时候,我的副总对我说:"我们要不要买一点月饼发给员工?"我就问:"买月饼,你想得到什么结果?"他就告诉我:"想得到员工的凝聚力。"我说:"不买月饼,会造成什么损失?不买月饼,难道我们的凝聚力就会丢失吗?难道员工就没有团结精神了吗?不会!能不能不花或少花钱得到凝聚力呢?""那咱们就组织一个联欢晚会吧。一起唱一支歌,每人出个节目、做一道菜,大家共享,到八月十五,在公司的晒台上,共度良宵。"这样钱不就少花了吗?凝聚力可能反而更高啊!这就是反向思维模式。

到这里,我想要对企业家说的,已经都说完了;我想要和企业家分享的,也都分享给大家了。企业家要做的还有很多,学习只是开始,行动才是关键!照我书中的方法,一步步去做,一刻不停地去做。我相信这12把砍刀能在你的企业经营中,创造巨大的价值。

我把这些方法运用在我的工作、日常生活中,我的公司利润在倍增,我的生命价值、公司的竞争力在持续地提升。这些年里,我

为我的股东创造了 292 倍的回报。是财务这个犀利的武器,让我有这么高的利润给股东回报,为员工创造价值。我坚信,这个武器也是为你准备的。而且我坚信,学习和运用这个武器是你企业管理生涯中迈出的最重要的一步,是一个根本性的转变。它将产生巨大的力量,让你的利润倍增!我也坚信,企业家作为奋斗者,一定能够奏响新时代的最强音,而奋斗者就要用最厉害的武器!

行动商学院

企业管理必修课

砍掉成本

企业家的12把财务砍刀

APP同步音频配套解读
更多课程限时免费领取
280 000人已开始学习
邀请你加入

扫码下载APP

快速提升企业家能力

| 出版服务 | 实效图书 | 实效教材 | 实效工具 |

我们能为您出版畅销书

整合优质出版资源

荟萃资深出版人才

打通新老出版渠道

我们能为您打造生态圈

链接作者读者

融入课程资源

提升品牌高度

您想拥有自己的畅销书吗？

您想拥有专属品牌大使吗？

好书互联专为您提供个性化高端出版服务

一本畅销书打造一个生态圈

出版咨询：张老师 13917909631

| 出版服务 | 实效图书 | 实效教材 | 实效工具 |

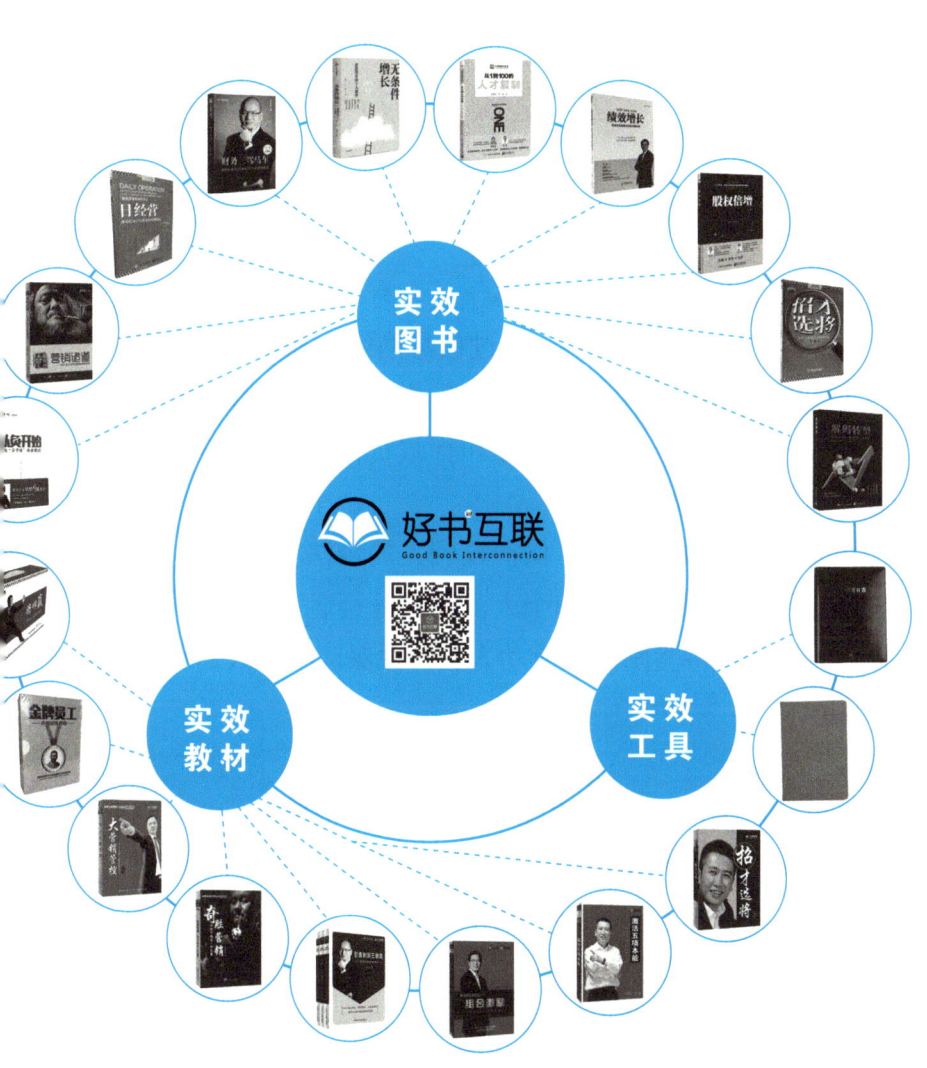

联系电话:张老师 13917909631　陈老师 13917738273

反侵权盗版声明

电子工业出版社依法对本作品享有专有出版权。任何未经权利人书面许可，复制、销售或通过信息网络传播本作品的行为；歪曲、篡改、剽窃本作品的行为，均违反《中华人民共和国著作权法》，其行为人应承担相应的民事责任和行政责任，构成犯罪的，将被依法追究刑事责任。

为了维护市场秩序，保护权利人的合法权益，我社将依法查处和打击侵权盗版的单位和个人。欢迎社会各界人士积极举报侵权盗版行为，本社将奖励举报有功人员，并保证举报人的信息不被泄露。

举报电话：（010）88254396；（010）88258888
传　　真：（010）88254397
E-mail：dbqq@phei.com.cn
通信地址：北京市万寿路 173 信箱
　　　　　电子工业出版社总编办公室
邮　　编：100036